MIGUEL VARGAS
MEDELLIN-BOSTON
2003 - 2004
mfvargas@rcn.com

MIDIENDO FUERZAS

MIDIENDO FUERZAS

Balance del primer año del gobierno de Álvaro Uribe Vélez

DANIEL PÉCAUT

Planeta

Calle 21 N.º 69-53, Bogotá, D. C.

Colombia: www.editorialplaneta.com.co
Venezuela: www.editorialplaneta.com.ve
Ecuador: www.editorialplaneta.com.ec

Fotografía de cubierta: Photo Images
Traducción de: Fernando Cubides

Primera edición: agosto de 2003

ISBN: 958-42-0709-1

Impreso por: Editorial Linotipia Bolívar

Índice

Siglas y acrónimos

ACCU	Autodefensas Campesinas de Córdoba y Urabá
ALCA	Área de Libre Comercio de las Américas
Anapo	Alianza Nacional Popular
AUC	Autodefensas Unidas de Colombia
CEPAL	Conferencia Económica para América Latina
CGSB	Coordinadora Guerrillera Simón Bolívar
CIA	Central Intelligence Agency (Agencia Central de Inteligencia)
CRS	Corriente de Renovación Socialista
CUT	Central Unitaria de Trabajadores
DANE	Departamento Administrativo Nacional de Estadística
DEA	Drug Enforcement Administration (Departamento Estadounidense Antidroga)
DIH	Derecho Internacional Humanitario
ECOPETROL	Empresa Colombiana de Petróleos
ELN	Ejército de Liberación Nacional

EPL	Ejército Popular de Liberación; después: Esperanza Paz y Libertad
ETA	Euskadi ta Askatasuna (país Vasco y Libertad)
FARC	Fuerzas Armadas Revolucionarias de Colombia
FARC-EP	Fuerzas Armadas Revolucionarias de Colombia-Ejército del Pueblo
FECODE	Federación de Educadores de Colombia
IRA	Irish Republican Army (Ejército Republicano Irlandés)
IVA	Impuesto al valor agregado
M-19	Movimiento 19 de Abril
MAS	Muerte a Secuestradores
OEA	Organización de Estados Americanos
ONG	organización no gubernamental
ONU	Organización de las Naciones Unidas
Pepes	Perseguidos por Pablo Escobar
PIB	producto interno bruto
PNUD	Plan de las Naciones Unidas para el Desarrollo
Redepaz	Asamblea Permanente por la Paz
Sisben	Sistema Subvencionado de Salud
TNT	trinitotolueno
UP	Unión Patriótica
USO	Unión Sindical Obrera

Presentación

Este texto fue concebido inicialmente como un artículo que tenía por objeto brindarle al público francés información sobre la situación de Colombia. Luego lo amplié para publicarlo como libro y conservé su carácter ampliamente descriptivo. Es probable que el lector colombiano esté al tanto de la mayor parte de los elementos mencionados. Espero, sin embargo, que la obra le ofrezca una útil visión de conjunto.

Se trata de un estudio deliberadamente coyuntural. Sólo apunta a hacer un balance del primer año del gobierno de Álvaro Uribe Vélez. Se terminó de escribir a principios de julio de 2003. Es probable que cuando salga publicado hayan ocurrido nuevos hechos que obliguen a actualizar ciertas anotaciones, que algunas incertidumbres se hayan resuelto y que otras hayan surgido. Escribir sobre la actualidad impide, además, tener la suficiente distancia para vislumbrar el impacto de ciertos acontecimientos.

Dos capítulos están directamente vinculados a la coyuntura política, el quinto y el sexto, que se refieren a los desafíos político-económicos del gobierno de Uribe y a la política de "seguridad democrática". Otros capítulos no están dentro de este marco temporal restringido. Los primeros vuelven sobre el agravamiento del conflicto a lo largo de los últimos años; los finales —que describen las transformaciones estratégicas de las Fuerzas Armadas y de los grupos armados fuera de la ley, así como la evolución de la sociedad civil— tratan de discernir con más profundidad las tendencias del conflicto.

El punto de partida de la obra remite a una aseveración indiscutible: el nuevo gobierno ha inducido un cambio considerable en la representación del conflicto. Mientras Colombia se había convencido durante cierto tiempo de que estaba enfrentada a una situación que no era del todo de guerra —sin ser tampoco de paz—, por la yuxtaposición del crecimiento de la violencia y de procesos de negociación, los actuales dirigentes políticos optaron por dar prelación al cambio en la relación de fuerzas con las guerrillas y por convencer a la población de que se trataba de una condición previa, incluso para poder retomar algún día las negociaciones.

La personalidad del presidente cumple un papel determinante en esta reorientación. Pero no habría bastado por sí sola para imponer esta representación de la situación si otros dos factores no la hubieran favorecido en el mismo momento: la exasperación de la gente por la responsabilidad de las guerrillas en el fracaso del proceso de paz de Pastrana y el contexto internacional de la "guerra contra el terrorismo".

La mayor parte de la obra está centrada en la evolución del conflicto armado. No hay duda de que el gobierno se ha anotado algunos resultados significativos al respecto. Si bien las Fuerzas Armadas no han tenido éxitos espectaculares, las guerrillas han perdido terreno. Por otro lado, las conversaciones con los paramilitares, las fumigaciones masivas y la conformación de redes de civiles vinculados a la tarea de defensa son fenómenos que van a influir en muchos aspectos.

Sin embargo, más que la relación de fuerza propiamente militar, cuenta el apoyo a la política del gobierno. Los sondeos de opinión muestran de manera reiterada su popularidad, así como el descrédito de las guerrillas. Siguen planteándose, a pesar de todo, varios interrogantes: ¿no estará la política económica y social abocada a producir cierto desgaste de la imagen del presidente?, ¿alcanzarán las reformas políticas a recrear un sentimiento de ciudadanía compartida?, ¿se fortalecerá la autoridad del Estado si sigue extendiéndose una nueva modalidad de paramilitarización, como viene aconteciendo en diversas regiones del país?, ¿podrá mantenerse la estrategia de firmeza de manera duradera, dada la cultura política de transacciones tan enraizada en la historia de Colombia?

Éstos son algunos de los interrogantes que están presentes en la obra, los cuales se pueden resumir en una sola pregunta: ¿puede un poder, sea cual fuere, alterar en forma durable el transcurso de los acontecimientos si, más allá de medidas inmediatas, no ofrece perspectivas a largo plazo a una sociedad que después de 20 años se encuentra sumida en una profunda desorganización?

DANIEL PÉCAUT

París,7 de julio de 2003

1

Lo real y el imaginario de la "violencia" en la historia colombiana

Entre la estabilidad y la violencia

Es frecuente que distintos analistas se refieran a la recurrencia de los episodios de violencia en Colombia como si ésta fuera consustancial a su historia. La mayoría de los colombianos parecen estar convencidos de que la tragedia actual no es sino la continuación de las diversas guerras internas que sacudieron al país a lo largo del siglo XIX.

Dicha constatación no deja de ser paradójica, en la medida en que Colombia mostró, por lo menos durante el siglo XX, una particular estabilidad institucional: ha estado exenta casi totalmente de golpes de Estado, incluso durante las turbulentas décadas de los sesenta y los setenta. Del mismo modo, una y otra vez se ratifica en Colombia la vigencia del Estado de derecho y de la democracia, aunque es indudable que todo ello coexiste con una de las inequidades sociales más pronunciadas en el contexto de América Latina, sin que se hayan emprendido las profundas reformas necesarias para atenuarla. Así mismo, en el país se ha desarrollado un clientelismo que reduce el alcance de los postulados democráticos, y se han adoptado fórmulas de acuerdos políticos que constituyen obstáculos para que pueda formarse una oposición auténtica. Eso fue notorio entre 1958 y 1974, cuando prevaleció el sistema del llamado Frente Nacional, que otorgaba un monopolio político a los dos partidos "tradicionales", Liberal y Conservador[1].

Sin embargo, los anteriores elementos no bastan para explicar la visión que tienen tantos colombianos de su historia reciente, otros son al menos tan importantes.

Desde mediados del siglo XIX, los dos partidos tradicionales dieron nacimiento a auténticas subculturas implantadas en todo el territorio, y a un tipo de representación política fundada sobre una especie de división "amigo-enemigo" a la cual la Iglesia católica, casi siempre solidaria con los conservadores, le dio en muchas circunstancias el significado de una contraposición en la que estaban en juego los valores fundamentales. Si en varios momentos los partidos políticos llegaron a compartir el poder, fue necesario esperar hasta la década de los sesenta para que la violencia inherente a ese tipo de enfrentamiento desapareciera en verdad.

De tal modo que el control de las clases populares fue realizado no por el Estado, sino por un sinnúmero de redes asociadas a los partidos políticos. Si su influencia se apoyaba a menudo en una adhesión voluntaria de la población de las zonas rurales, no excluía

---

[1] En realidad el monopolio no era total. Fuertes movimientos de oposición política se desarrollaron bajo la etiqueta de uno u otro de los partidos. Tal fue el caso del MRL, una disidencia del Partido Liberal en los comienzos del Frente Nacional, y el de la Anapo, una disidencia populista del Partido Conservador, liderada por el general Gustavo Rojas Pinilla. Esta formación política estuvo a punto de obtener el triunfo en la elección presidencial de 1970 y sólo el fraude se lo impidió. El propio Partido Comunista no dejó de concurrir a las elecciones, bajo el rótulo del Partido Liberal. Es decir, no sería exacto presentar la vida política colombiana de ese período como si hubiera estado boqueada por completo.

uno u otro caso de uso de la fuerza. Aun en las zonas mejor integradas a la economía nacional, como las de cultivo de café, fueron numerosos los casos de municipios sometidos durante décadas al poder arbitrario de jefes políticos locales. Con mayor razón eso sucedió así en los vastos territorios progresivamente ocupados a lo largo del siglo XX por oleadas sucesivas de colonos, en los que, ante la ausencia de un aparato de justicia y de policía, sus pobladores se suelen hallar a merced de toda suerte de intermediarios políticos que no retroceden ante el empleo de los métodos más brutales.

Es tal el peso de dichas subculturas y el de tales redes, que han contribuido a que la imagen de unidad de la nación sea hoy por hoy precaria. Con el trasfondo de una geografía abrupta que ha hecho de por sí difíciles las comunicaciones, la política ha contribuido a la fragmentación del poder. Colombia no ha conocido ningún movimiento nacionalista importante, y los movimientos populistas han sido efímeros[2]. El propio Estado no ha tenido más que una autoridad limitada. Las élites civiles se han puesto de acuerdo para limitar sus prerrogativas con el fin de ejercer más fácilmente su tutela sobre la gestión económica y social. Independientemente de las doctrinas que invoquen las élites, se ha impuesto una concepción liberal que limita al Estado a cumplir las tareas que ellas no pueden efectuar por sí mismas. Los militares, cuya profesionalización fue

---

[2] Ha habido dos movimientos populistas importantes. El primero fue el gaitanismo, fundado por Jorge Eliécer Gaitán, que provenía del Partido Liberal y se propuso crear en 1946 una vasta coalición "antioligárquica". Tras su derrota en la elección presidencial, Gaitán retornó al Partido Liberal, del que llegó a ser jefe único, pero sin que hubiese cesado su cuestionamiento de las oligarquías. Su asesinato, ocurrido el 9 de abril de 1948, produjo el estallido de El Bogotazo. El segundo fue el movimiento del general Rojas Pinilla. Llevado al poder por un golpe de Estado en 1953, fue derrocado por las élites en 1957. El movimiento que lanzó en los años sesenta, cercano en principio al Partido Conservador, terminó por atraer a los sectores más desfavorecidos.

tardía, con medios muy limitados y condenados por el poder civil a cumplir funciones policivas, no han estado en condiciones de alimentar ambiciones propias y ni siquiera han tenido una visión geopolítica del control de las zonas fronterizas. Por su parte, las clases populares demuestran la mayor desconfianza hacia un Estado que no les garantiza el acceso a una ciudadanía social, y a menudo dan en una especie de anarco-liberalismo que conduce a que cada sector social intente conquistar por su cuenta y riesgo las ventajas que pueda.

Todos los factores anteriores han de inscribirse en el largo plazo. Han favorecido la frecuente complementariedad de las reglas del derecho y del uso de la violencia en la definición del orden político y, ante todo, han contribuido a que las reglas de juego verdaderamente reconocidas sean las que resultan de las interacciones entre los diversos sectores. Pese a las enormes desigualdades que subyacen a dichas interacciones, son pocos los grupos que en ese contexto están completamente desprovistos de medios de acción.

Con todo, es poco probable que tal serie de factores hayan bastado para convencer a tantos colombianos de que su país está condenado a la violencia. Fue necesario para ello un episodio específico, el que precisamente se ha designado como la Violencia, que entrañó entre 1946 y 1960 un verdadero traumatismo colectivo. En su origen fue una clásica guerra entre dos partidos por el poder, y sin que en ningún momento el enfrentamiento haya perdido ese carácter partidista, fue revistiendo de modo simultáneo otros cuatro aspectos: primero, una revancha social de las élites después del gran miedo que siguió al asesinato de Gaitán y al Bogotazo; luego, un proceso de acumulación primitiva en las regiones de economía cafetera en beneficio de una burguesía media que se valía de la violencia para controlar los circuitos de producción y de comercialización; en seguida, una guerra fratricida entre campesinos de los dos partidos, con niveles de atrocidad comparables a los de la guerra civil española, y finalmente, una resistencia campesina tardía que oscilaba entre formas políticas y un bandolerismo a gran escala.

Si la Violencia ha dejado tantas huellas, no es sólo porque se haya saldado con un balance de 200.000 muertos y centenares de miles de desplazados. Es también, y sobre todo, porque constituyó para amplios sectores de campesinos una imborrable experiencia de humillación cuando se percataron de que se estaban enfrentado por una causa que no era la suya, sino de las élites. Y más aún cuando vieron que tales élites, una vez que decidieron reconciliarse en el marco del Frente Nacional, extendieron un manto de olvido sobre lo que acababa de ocurrir y se beneficiaron de la desorganización resultante de las clases populares para apuntalar su supremacía.

La Violencia ha sido, entonces, lo que ha modificado a fondo las representaciones de la historia de tantos colombianos. A falta de un juicio de responsabilidades, o al menos de la simple inscripción de dicho episodio en un relato histórico compartido, su memoria se ha transmitido de una generación a otra, y por la vía de las migraciones llega hasta las ciudades. Manuel Marulanda Vélez, el jefe de las FARC[3], la principal organización guerrillera en la actualidad, quien ingresó a la resistencia campesina comunista en los años cincuenta, simboliza la persistencia de esa memoria hasta nuestros días.

De modo retrospectivo, toda la historia pasada se ha descifrado con referencia a la Violencia. Poco se ha conservado en la memoria de aquellos períodos en los que Colombia conoció una relativa calma y un cierto grado de desarrollo: los años veinte, bajo la hegemonía de los conservadores; los años treinta, bajo la de los liberales, en particular durante la Revolución en Marcha, de Alfonso López Pumarejo. No son muchos tampoco quienes recuerdan que, inclu-

[3] En 1982 añadieron a su sigla las letras EP para expresar el paso a una nueva etapa de la lucha armada.

so durante el Frente Nacional, hubo grandes movimientos de oposición no violentos, como el MRL y la Anapo, así como organizaciones sindicales poderosas. Prospectivamente se tiende a ver el porvenir de la misma forma: se da por supuesto que la trama de la vida colombiana está hecha de una sucesión de catástrofes. En *Tesis sobre la historia,* Walter Benjamin se refiere a la ilusión que conduce a los hombres, que no ven sino catástrofes tras ellos, a ver el futuro como si se fuera a caracterizar ineluctablemente por el progreso. Dicha ilusión no existe en Colombia. Todos tienden a mirar el pasado en términos de catástrofes, pero han sido varios los instantes en los que ha estado presente una creencia en el progreso.

¿Una guerra civil desde hace 40 años?

Ha llegado a ser un lugar común, tanto en Colombia como en el extranjero, hablar una "guerra civil" vigente desde hace 40 años.

Tal duración se refiere al hecho de que las organizaciones guerrilleras se crearon efectivamente en los años sesenta o a comienzos de los setenta. Las FARC, las primeras que surgieron, han producido una versión acerca de sus orígenes según la cual todo comenzó en 1964 con el bombardeo del Ejército a Marquetalia, un lugar clave de la autodefensa campesina salida de la Violencia y continuada bajo la égida del Partido Comunista. De los años sesenta proviene, así mismo, la efervescencia provocada por la Revolución cubana.

Todas las franjas de la izquierda van a ser rebasadas por las diversas organizaciones guerrilleras. Las FARC, constituidas oficialmente en 1964, se atienen al comunismo de Moscú. El ELN, surgido en 1965, hace suyo el modelo guevarista. El EPL adopta el maoísmo. La última de las organizaciones guerrilleras del período, el M-19, que surge a comienzos de los setenta, pero que no aparecerá en escena sino a fines de esa década, adoptará la causa de los movimientos centroamericanos.

Cada una de las organizaciones se vinculará preferencialmente a una zona, y se ligará ante todo a un sector social. Las FARC, con las regiones de colonización, así como con las regiones de luchas agrarias que se remontan a los años veinte. El ELN, con el Magdalena Medio y ciertos núcleos campesinos. El EPL, con los trabajadores agrícolas de la costa atlántica. El ELN y el EPL atraen a su seno a numerosos jóvenes urbanos, con formación secundaria y universitaria. El M-19 se distinguirá al querer imponerse mediante acciones espectaculares al estilo tupamaro y luego definiendo un proyecto político-militar, que no implicaba bases sociales estables.

Hablar entonces de "guerra civil", o aún más modestamente de "preludio de guera civil", para esa época, denota por lo menos un cierto anacronismo. La experiencia anterior de la Violencia tiene efectos ambiguos. En ciertos casos, hace que sectores de la población se inclinen hacia la lucha armada, en muchos otros hace que más bien la rechacen, a tal punto que durante mucho tiempo las tres organizaciones surgidas se circunscriben a zonas periféricas sin llegar a inquietar al régimen. Es difícil, por cierto, la amalgama entre los elementos urbanos y los campesinos. Puede decirse que hacia 1975 esas tres organizaciones se hallaban al borde de la extinción. El ELN fue prácticamente destruido en 1973 a raíz de una operación del Ejército —apenas quedaron unos cincuenta miembros—; el EPL a duras penas vegeta desde el punto de vista militar y dificilmente consigue algo de simpatía de los campesinos que no toleran que se les prohiba comercializar su producción. Las mismas FARC sufrieron poco después de 1966 un golpe que "casi las liquida", al decir de Manuel Marulanda[4], y a principos de los

---

[4] Jacobo Arenas, *Cese al fuego, una historia política de las FARC*, Bogotá, La Oveja Negra, 1985, p. 90. Jacobo Arenas, quien atribuye la responsabilidad del hecho a Ciro Trujillo, añade: "Perdimos muchos hombres y el 70% de las armas".

años setenta agrupaban sólo a combatientes campesinos de medio tiempo. Lejos de lanzarse a aventuras, preservaban el modo de lucha de autodefensas campesinas y seguían fieles a su reivindicación esencial: una reforma agraria, así fuera limitada. En 1975 incluso hicieron saber al presidente López Michelsen que estaban listas a abandonar la lucha armada a cambio de la satisfacción de esa reivindicación.

En suma, el destino de las guerrillas colombianas hasta ese momento no era más glorioso que el de las otras guerrillas latinoamericanas de la época. Para intentar salir de su marginalidad les habría sido necesario tener en frente un Estado claramente autoritario al cual oponerse. El combate sólo se reiniciará seriamente después de 1980, primero con el M-19 y después con las otras tres organizaciones, y en una coyuntura en la cual, en efecto, un gobierno represivo estaba en el poder… y en el que comenzaban a circular los beneficios de la droga.

Es entonces cuando comienza un conflicto que es el que lleva más de 20 años, lo cual basta para que prescindamos de retomar el legendario relato de las FARC.

2
Hacia la violencia generalizada

El auge del narcotráfico, la mutación del contexto institucional y el despliegue de la violencia generalizada

El auge del tráfico de droga a partir de 1975 ha regido la completa transformación del contexto político y social, al igual que la de la lucha armada.

A diferencia de Bolivia y Perú, Colombia no tenía una tradición de cultivo de la planta de coca. Por lo demás, durante mucho tiempo siguió siendo un productor secundario. En cambio, ofrecía otra serie de ventajas para el tráfico de drogas: en principio, lo antiguo de las redes de contrabando, en razón de su acceso a los dos océanos y a la zona del Darién, que comunica con Panamá; además, muchas zonas que escapan a la vigilancia del Estado, y a la vez muy aptas para la implantación de las guerrillas. A ese trasfondo se le añade, como una ventaja específica y clave, la capacidad de los traficantes para dominar las etapas más rentables de la economía de la droga: el transporte y la distribución, al menos en el mercado al por mayor.

El desarrollo del tráfico se realiza en un comienzo sin provocar reacciones del régimen que, por el contrario, tiende a ver en él tan sólo la posibilidad de ingresos suplementarios, y toma muchas decisiones que en efecto facilitan el lavado de las ganancias. En la costa atlántica el cultivo de la marihuana se desarrolló a la vista de todo el mundo desde comienzos de los años sesenta, en colaboración con estadounidenses que se hacían cargo del transporte. La creación de laboratorios y el cultivo de coca en las regiones amazónicas comenzó hacia 1975. No es, sin embargo, sino hasta 1983 cuando el nombre de Pablo Escobar, por entonces representante a la Cámara, comienza a ser mencionado con frecuencia en la prensa, y es en 1984, con el asesinato del ministro de Justicia, Rodrigo Lara Bonilla, cuando los dirigentes políticos toman conciencia del peligro de los "carteles de la droga".

Si esa toma de conciencia fue tardía, se debió a que muchos sectores, además de los traficantes y sus intermediarios, se beneficiaron de la actividad ilegal. La economía colombiana fue la que salió mejor librada del impacto de "la década perdida" que golpeó a América Latina, y conservó a todo lo largo de ella una tasa de crecimiento superior, incluso, a la de Chile. Construcción, agricultura, comercio, conocieron un desarrollo sostenido. Hasta 1987, más o menos, los riesgos individuales que conllevaba el auge de la violencia estaban compensados por los beneficios colectivos que derivaban del flujo continuo de divisas. Las nuevas ilegalidades, a primera vista, no eran más que continuación de las anteriores; sin embargo, todo el panorama colombiano estaba profundamente trastornado.

Aquello que las guerrillas no habían logrado hacer —que se tambalearan las instituciones— lo lograron las redes de narcotraficantes en el período 1987-1993. Un terrorismo de amplitud inédita, desatado por el Cartel de Medellín con el fin de impedir las extradiciones hacia Estados Unidos, afectó a todos los sectores sociales, y entre las víctimas se encontraron cuatro de los candidatos a las elecciones presidenciales de 1990, entre ellos el favorito, Luis Carlos Galán. El Ejecutivo llegó a estar completamente aislado, frente a una clase política dispuesta a ceder ante el chantaje, la cual, por cierto, aprovecha la convocatoria de la Asamblea Constituyente para prohibir las medidas de extradición. La oposición no fue menos golpeada. Si los carteles habían establecido en un comienzo relaciones de coexistencia pacífica con las guerrillas, bien pronto litigios económicos y políticos los llevan, a partir de 1986, a golpear a sus brazos políticos. La UP, partido político legal creado en 1985 bajo la égida de las FARC y del Partido Comunista, perdió cerca de 2.000 de sus cuadros y militantes. La implicación de policías y militares en esa estrategia de terror alimenta más aún la atmósfera de confusión.

A pesar todo, el terrorismo no es sino uno de los ingredientes de la crisis institucional; la corrupción tiene también en ello una parte considerable. El otro gran cartel de la época, el de Cali, hace de ella su especialidad: paga estipendios a la Policía local y financia numerosas campañas políticas, entre ellas la de Ernesto Samper a la Presidencia de la República en 1994. En el clima de incertidumbre que prevalece, la corrupción llega a convertirse en una práctica generalizada que abarca tanto la vida pública como las transacciones privadas. El Congreso, la Contraloría, la justicia ordinaria, las Fuerzas Armadas y las administraciones locales se ven afectadas[1].

Las estructuras y las relaciones sociales se ven también afectadas. Las inversiones de los narcotraficantes en la agricultura se traducen en una rápida concentración de la propiedad agraria: según los estudios de Alejandro Reyes, llegaron a adquirir cuatro millones de hectáreas de las mejores tierras, por lo que la única opción

[1] Varios contralores, procuradores, ministros y numerosos parlamentarios han estado en prisión.

de muchos campesinos fue probar su suerte en el cultivo de la coca. Las antiguas jerarquías sociales se derrumbaron, las normas mafiosas se difundieron, el corto plazo se convirtió en el horizonte predominante.

Las periferias urbanas pasaron al dominio de organizaciones armadas juveniles. Se trata de organismos que surgen debido a los avatares de los enfrentamientos: sicarios que trabajan por cuenta de los narcotraficantes; milicias que actúan primero por cuenta de las guerrillas y luego por la de paramilitares; bandas de barrio; grupos criminales. Todos ellos contribuyen al trazado de nuevas fronteras dentro de las ciudades y someten a la población a un nuevo tipo de poder.

En razón del debilitamiento de las normas, el auge de la economía de la droga favorece, en última instancia, el ascenso de una violencia ordinaria, la de los ajustes de cuentas, las venganzas y los chantajes. Junto a la violencia organizada, esta violencia cotidiana contribuye decisivamente al drástico aumento de la tasa de homicidios a partir de 1987. De tal manera que una ciudad como Medellín llega a tener durante más de un lustro una tasa de homicidios de más de 400 víctimas por cada 100.000 habitantes. En realidad todas las violencias —políticas y no políticas, organizadas y no organizadas— se alimentan de las otras.

Se trata entonces de una "violencia generalizada". Las interferencias no se dan tan sólo entre estos diversos fenómenos, se extienden también a las distintas modalidades de lucha armada. Una de sus manifestaciones es su degradación constante desde hace por lo menos una década.

Evolución de los homicidios

Como se puede medir mediante la tasa de homicidos, la violencia en su conjunto ha conocido tres momentos de inflexión en las dos últimas décadas. El primero, en 1980-1981: el número de homicidios llega a ser el doble que en 1975. El segundo, en 1986-1987: la curva de homicidios registra un nuevo ascenso. El tercero, en 1989-1991: el número de homicidios se ubica alrededor de los 25.000 por año, es decir, una tasa de 76 homicidios por cada 100.000 habitantes, una de las más altas del mundo, en un país que no está en guerra declarada.

Tales momentos de inflexión coinciden con los de ascenso de la economía de las drogas y del poder de los narcotraficantes. De hecho, el desmembramiento del Cartel de Medellín tras la muerte de Pablo Escobar en 1993, y el debilitamiento del Cartel de Cali tras el arresto de sus principales figuras en 1995, se tradujeron en disminución de la violencia en esas dos ciudades. No obstante, una multitud de pequeñas organizaciones ha tomado su lugar, y, además, las bandas juveniles urbanas, anteriormente ligadas a los carteles, se reproducen en nuevos contextos, en Medellín sobre todo, pero también en Cali, y se multiplican en Bogotá y en otras capitales departamentales.

Según se puede constatar en la Tabla 2.1, así como en la Figura 2.1, aunque la tasa de homicidios sigue siendo de las más altas, se da una tendencia efectiva a la disminución en el plano nacional entre 1990 y 1998. El desmantelamiento de los dos carteles tiene mucho que ver, desde luego. Por el contrario, a partir de 1998 podemos constatar un incremento; sin llegar a los niveles de la década de los noventa, las tasas se han ido acercando.

Diversos factores contribuyen a explicar el reinicio de la tendencia anotada: el brutal deterioro de la situación social a partir de 1995 —signada por el aumento del desempleo y la baja de los ingresos—, la exacerbación de las desigualdades, el desplazamiento forzoso a las ciudades, el éxodo causado por la crisis de la agricultura campesina después del viraje neoliberal de 1990, etc.[2].

---

[2] Más adelante volveremos sobre la crisis económica y social.

TABLA 2.1 HOMICIDIOS. VARIACIONES ANUALES 1990 – JULIO 2002

Año	*Tasa anual*	*Núm. de víctimas*	*Variación anual %*
1990	69,5117	24.308	—
1991	79,2573	28.284	16,36
1992	77,5252	28.224	-0,21
1993	75,8822	28.173	-0,18
1994	70,8814	26.828	-4,77
1995	65,8976	25.398	-5,33
1996	67,7986	26.642	4,90
1997	63,3460	25.379	-4,74
1998	56,5707	23.096	-9,00
1999	58,5683	24.358	5,46
2000	62,7106	26.540	8,96
2001	64,6402	27.841	4,90
2002*	67,8532	17.350	—

Fuente: Policía Nacional, Centro de Investigaciones Criminológicas. Procesado en el Observatorio del Programa Presidencial de los Derechos Humanos.

* La tabla incluye los datos hasta julio de 2002. La tasa de homicidios de 2002 está calculada sobre la base de una proyección de los primeros siete meses.

Dichos factores actúan, sobre todo, en el contexto urbano, y queda claro que es allí donde ocurre la gran mayoría de los homicidios. Ya en 1995 las tres grandes metrópolis concentraban más del 50%: Medellín 23,6%; Bogotá 17,5%; Cali 10,2%. La violencia urbana tiene sus propios mecanismos, pero no está en el propósito del presente libro analizarlos.

Sin embargo, no se puede, concluir, como lo hizo una comisión universitaria de investigación en 1987, que "las violencias de las calles" representan un mayor peligro que "las violencias del monte",

FIGURA 2.1 TASA DE HOMICIDIOS

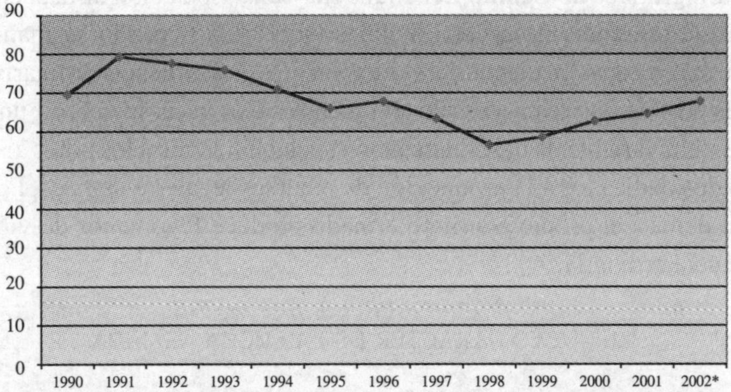

Fuente: Policía Nacional, Centro de Investigaciones Criminológicas.

* 2002 incluye información hasta julio. La tasa de homicidios de 2002 se proyectó sobre la base de los primeros siete meses.

es decir, las causadas por la guerrilla o los paramilitares[3]. La afirmación, que ya era discutible en 1987, lo será más en los años siguientes. En realidad, la violencia ordinaria es inseparable del conflicto armado. Desde luego es cierto que algunas de las ciudades han registrado una disminución de la tasa de homicidios, lo que es particularmente notable en el caso de Bogotá, donde esa tasa descendió en los últimos años a 27 por 100.000 habitantes, cifra inferior a la de Río de Janeiro o São Paulo. De todos modos, el conflicto armado nutre una fuerte proporción de esta violencia ordinaria.

Eso se desprende claramente de la evolución de la violencia de las zonas rurales. Al final de los años ochenta eran ya los municipios rurales los que presentaban las tasas más elevadas de homicidios[4], y ése será siempre el caso. Como lo señalan muy bien los trabajos

---

[3] Comisión de Estudios sobre la Violencia, *Colombia: violencia y democracia*, Bogotá, Universidad Nacional de Colombia, 1987.

[4] Véase Rodrigo Losada y Eduardo Vélez, "Tendencias de muertes violentas en Colombia", en *Coyuntura Social*, N.º 1, diciembre de 1989, pp. 113-124.

cartográficos de Camilo Echandía[5], hay una asociación directa entre la presencia de grupos ilegales (sobre todo cuando se manifiesta en zonas en disputa) y el incremento de la violencia ordinaria. Es posible que sea necesario en muchos casos hacer intervenir una tercera variable: la desorganización social inherente a los polos aislados dedicados a la producción de recursos legales e ilegales. Por lo demás, el propio conflicto armado produce fenómenos de violencia ordinaria.

El nuevo carácter de la lucha armada

La economía de la droga favorece al mismo tiempo la reactivación de la lucha armada a una escala distinta de la precedente, al proporcionar a sus protagonistas recursos financieros y capacidad de control territorial.

Pero no todos los protagonistas se benefician del mismo modo. Al estar ya implantados en las zonas donde el cultivo se va a propagar, las FARC pueden beneficiarse con más facilidad de la oportunidad. Si en un comienzo se limitan a imponer un tributo a los intermediarios, a los laboratorios y a los cultivadores de coca, todo indica que después han contribuido al auge del cultivo de la amapola y que más recientemente han incrementado su participación en el procesamiento y el transporte interno de la cocaína. Las demás guerrillas tienen una menor participación. El EPL tenía un frente en Putumayo que le asegura una parte de su financiamiento; en su momento el M-19 no desdeñó el prestarles algunos servicios a los narcotrafi-

[5] Pueden verse varios de sus artículos, algunos de ellos aparecidos en la revista *Problèmes d'Amerique Latine*. Echandía está a la cabeza de un grupo de investigación adscrito a la Vicepresidencia de la República, que publicó en 2002 un voluminoso estudio regional: *Colombia: conflicto armado, regiones, derechos humanos y DIH 1998-2002* en el que me apoyo en este capítulo y en el siguiente. También los mapas que figuran en este volumen salen de sus obras. Me es muy grato reconocer la deuda que tengo con él.

cantes. Sólo el ELN afirma haber rechazado esos recursos, pero las plantaciones descubiertas recientemente en algunos de sus bastiones o zonas de su influencia prueban que se han plegado finalmente. En cuanto a los paramilitares, sus vínculos con la droga han existido siempre, aunque han ido cambiando de forma. Sus primeros grupos se constituyeron en directa asociación con los carteles (y con los militares, como en el caso del MAS y de la "escuela" de Puerto Boyacá). Después de haberse federado en un plano regional, y más adelante en el nacional hacia 1994, al igual que las FARC, tratan de asegurar el control de las zonas de cultivo, y su jefe, Carlos Castaño, ha reconocido públicamente que la droga le proporciona cerca del 70% de los recursos con los que cuenta.

La droga no es, desde luego, el único recurso financiero. Progresivamente, y en la medida en que su radio de acción se extiende, las guerrillas llevan a cabo extorsiones en el conjunto de las actividades mineras y agrícolas. El ELN se reconstruyó en gran medida gracias a las "subvenciones" hechas por la compañía alemana Mannesman, que estuvo a cargo de la construcción de un oleoducto. La agrupación guerrillera percibe "impuestos" por el conjunto de la economía petrolera. El EPL se benefició ampliamente de su presencia en la zona bananera de Urabá. Las FARC no tardaron en ejercer presiones en numerosas focos de extracción minera y en las regiones ganaderas. Adicionalmente, los paramilitares, siguiendo los pasos de las guerrillas, exigen un apoyo financiero a los agricultores instalados en las regiones que dominan. No hay un polo rural económico importante que se haya librado de alguna forma de extorsión.

Hay que añadir otro recurso: el que proviene de los rescates producto de los secuestros. Las guerrillas casi siempre recurrieron a ellos, pero han llegado a convertirlo en parte de su rutina: les son imputables al menos la mitad de los 3.000 secuestros que en promedio ocurren al año. Las FARC introdujeron, así mismo, una modalidad de retenes en las carreteras, que con humor los colombianos llamaron "pescas milagrosas".

Droga, extorsión y secuestros contribuyen en el presente con cerca de un tercio del financiamiento global de las guerrillas.

El resultado ha sido el aumento del poder de los grupos armados. En 1982 las FARC añadieron a su sigla dos letras, "EP", para subrayar su nueva estrategia ofensiva y dieron a conocer un plan para la toma del poder en un plazo de ocho años. El M-19 se lanzó a grandes operaciones militares. El ELN y el EPL llegaron a consolidar su dominio en las regiones donde actuaban, y desde 1992 todos los grupos armados en actividad intensificaron las labores de reclutamiento. Las FARC han llegado a contar con unos 18.000 hombres, el ELN con unos 6.000 y los paramilitares con 9.000. Sus respectivos armamentos no tienen ya nada de artesanal y han igualado al que tenían las Fuerzas Armadas hasta hace poco.

En esas circunstancias, las Fuerzas Armadas han mostrado la tendencia a dejar el campo libre a los paramilitares, cerrando los ojos ante sus acciones y dándoles con frecuencia apoyo logístico.

El conflicto colombiano conserva aún ciertos aspectos clásicos: las guerrillas continúan atentando contra puestos del Ejército y de la Policía. Pero la lucha armada reviste un carácter cada vez más prosaico.

La estrategia económica implica transacciones complejas entre todos los protagonistas de la violencia, de allí deriva una combinación de enfrentamiento y cooperación. Dondequiera que los narcotraficantes se han convertido en propietarios agrarios, recurren a los paramilitares para protegerse de las guerrillas, pero unos y otras deben establecer algún grado de concertación para asegurar la salida de la droga. Todos los actores armados han llamado a su servicio a las bandas urbanas: los narcotraficantes las utilizan como mano de obra auxiliar; las guerrillas, para llevar a cabo los secuestros en las ciudades, y los paramilitares, para ejecutar asesinatos selectivos.

El reclutamiento de tales actores se efectúa cada vez menos sobre bases ideológicas. La violencia ha llegado a ser un mercado de trabajo con una oferta diversificada que va de las bandas urbanas a las organizaciones políticas. Sin duda, continúan cumpliendo un papel las antiguas socializaciones familiares, así como el odio y el deseo de venganza después de que algunos seres queridos han sido afectados. Pero con mayor frecuencia las adhesiones se llevan a cabo según las circunstancias, las retribuciones prometidas y las presiones ejercidas por el medio. Los adherentes a los dos campos no presentan un perfil social diferente. Uno de los fenómenos característicos de los últimos años ha sido el tránsito de la guerrilla a los paramilitares. Una gran parte de los efectivos de éstos procede del antiguo EPL, pero también hay tránsfugas de las FARC y del ELN.

Por ello es difícil discernir las "bases sociales" de los actores armados. Ya en los años ochenta la coacción intervenía para apuntalar las convicciones, en particular cuando se aproximaban las elecciones. De manera general, actualmente es mejor hablar de "lógicas de protección" que conducen a poblaciones enteras a renunciar a su libertad para preservar sus intereses, su vida o simplemente para dirimir los litigios cotidianos. No es ya un misterio que en el sur del país los colonos de las zonas cocaleras ven en las FARC una mampara contra los abusos de los narcotraficantes, así como contra las amenazas de erradicación de cultivos, y que están contentos de encontrar un árbitro para sus diferencias vecinales. Pero como los paramilitares han llegado a cumplir funciones semejantes en otras regiones, es difícil discernir lo que hay de asentimiento o de obediencia forzada[6].

[6] Gigantescas manifestaciones de colonos tuvieron lugar en los departementos amazónicos para protestar contra las amenazas de erradicación de los cultivos. Es indudable que a los manifestantes los movió el profundo temor de la pérdida de sus modos de subsistencia, pero las FARC se encargaron de que todos se movilizaran y procuraron encuadrar las movilizaciones.

Más aún esas lógicas de protección tienden a diluirse cuando el grupo contrario comienza a llevar a cabo amenazas. Una situación cada vez más frecuente.

Los protagonistas armados han desistido hace tiempo de dibujar un porvenir radiante. A medida que la confrontación se extiende, no pretenden ya convencer sino imponer su tutela sobre los territorios que ocupan, sin preguntar la opinión de sus habitantes. *Cujus rex, ejus religio* (Según el rey, se impone la religión) se ha convertido en regla, y ya no se trata sino de exigir la sumisión o la salida de la zona. Los paramilitares provocan de manera sistemática desplazamientos masivos, las guerrillas los suscitan en ocasiones. Unos y otros recurren a todos los medios para asegurarse la subordinación de las autoridades locales. En los últimos tres años, 31 alcaldes han sido asesinados y, como puede constatarse, la víspera de las elecciones locales los secuestros de candidatos se multiplican con el fin de conseguir su retiro o su adhesión.

Ésta es una manera de constatar que el conflicto armado no expresa ya las tensiones sociales preexistentes, sino que se desarrolla cada vez más en función de meros cálculos estratégicos. Las tensiones sociales están allí, y tal vez más agudas que antes, pero prácticamente no tienen expresión propia. El antagonismo militar abarca todo, pero apunta en principio a los centros de producción económica, los ejes de comunicación y los alrededores de las grandes ciudades. No exime prácticamente a ninguna región.

Insensiblemente se ha pasado de una guerra campesina y periférica, regida parcialmente por las categorías de la Guerra Fría, a un enfrentamiento proteiforme, semejante a los que arrasan a otras partes del mundo contemporáneo. Como en otros casos, los protagonistas tienen un pie en lo local y el otro en las redes de tráfico internacional, controlan recursos clave y tienen, por lo tanto, intereses adquiridos, sacan más ventajas de sus empresas de dominio territorial que de su credibilidad política y han erigido la violencia en dinámica ordinaria de la vida social. La diferencia, que es de magnitud, consiste en que la lucha armada colombiana no está anclada en referentes de identidad y se limita a tomar a la sociedad como rehén.

3
Entre la paz y la guerra

Las fases del conflicto armado

Pese a la desmovilización del M-19 entre 1990 y 1991, de la mayor parte del EPL, del Quintín Lame y en 1994 de la CRS (una disidencia del ELN), la expansión del conflicto armado no se ha desacelerado.

Entre 1993 y 1998, las FARC continuaron asentándose o llevando a cabo acciones en nuevos territorios; hacia 1998 sus acciones se registraban en la mayor parte de los municipios. Por su parte, el ELN se consolida en varias regiones, en particular en el Magdalena Medio y en Arauca.

A partir de 1993 los paramilitares se transforman de pequeños grupos en una verdadera fuerza y emprenden la reconquista de Córdoba y Urabá. Para indicar el grado de cohesión que logran allí, adoptan la sigla ACCU y pasan a la ofensiva en varios departamentos bajo la sigla AUC, aun cuando sigan funcionando como una confederación muy laxa.

Sin embargo, en lo concerniente al crecimiento de las guerrillas es indispensable considerar sus diversas fases.

Entre 1990 y 1995, en dos ocasiones las FARC ponen en evidencia la fuerza que han adquirido. A comienzos de 1990 reaccionan de manera espectacular a la toma del Ejército a Casa Verde, sede del Secretariado de la organización a lo largo de 10 años, ubicada en el municipio de Uribe (Meta). Nunca antes el número de sabotajes y de combates contra el Ejército había sido tan alto para un período determinado. Entre 1994 y 1995 multiplican de nuevo sus acciones como respuesta al anuncio del gobierno Gaviria de una "guerra integral" tras el fracaso de las rondas de conversaciones de Caracas y de Tlaxcala. Aunque más intensas que en el pasado, las acciones de respuesta del Ejército no logran contener esa ofensiva. Y más allá de esos dos precisos momentos, lo más significativo es el continuo avance territorial de las guerrillas.

Entre 1995 y 1998, las FARC consiguen una serie de impactantes éxitos en su lucha contra el Ejército. Llevan a cabo acciones masivas que en ocasiones involucran a centenares de combatientes, llegan a apoderarse de guarniciones militares, cercan y aniquilan a una unidad militar de élite y hacen prisioneros a por lo menos medio millar de soldados y policías. Por momentos llegan a dar la impresión de estar en condiciones de pasar de la guerra de guerrillas a una guerra de movimientos. La desmoralización y la inquietud predominan entre los militares, a los cuales, además, Estados Unidos les atribuye numerosas violaciones de los derechos humanos, en tanto que parece confiar más en la Policía.

En 1998 comienza el proceso de paz concebido por la administración Pastrana, que en un comienzo se traduce en una disminución del número de acciones de la guerrilla, pero a lo largo de 1998 sufre algunos reveses notables. La modernización y la mejora de ciertos medios logísticos del Ejército, llevan a la guerrilla a renunciar a sus acciones masivas.

En la Figura 3.1, tomando en cuenta de manera simultánea las acciones de las guerrillas y las del Ejército, pueden verse sus di-

Figura 3.1 Evolución de la intensidad del conflicto armado e iniciativas de paz (enero de 1988-julio de 1999)

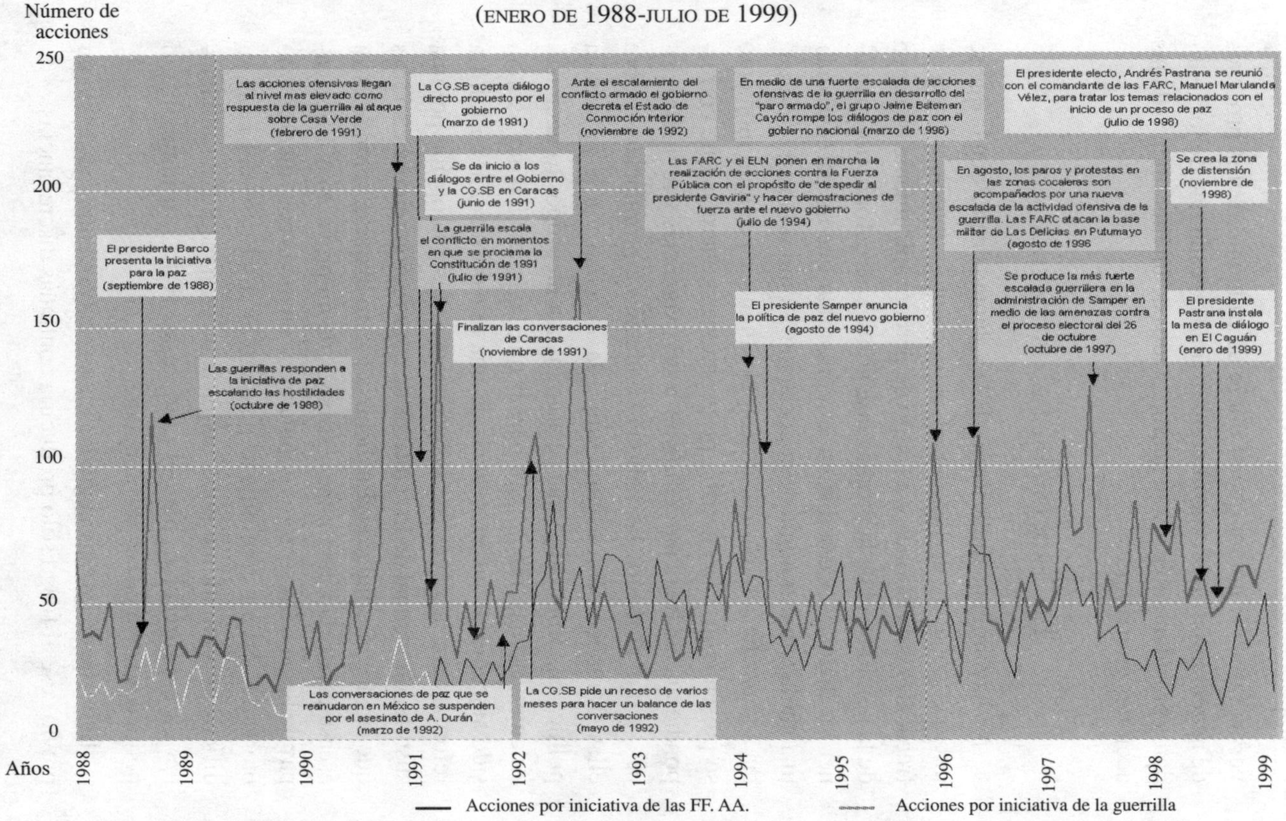

Fuente: Camilo Echandía, *El conflicto armado y las manifestaciones de violencia en las regiones de Colombia*, Presidencia de la República de Colombia, 1999, p. 214.

versas fases; se notará que el inicio de cada uno de los procesos de negociación, así como el período final de cada uno de los mandatos presidenciales, están acompañados de un incremento de las acciones guerrilleras.

El "proceso de paz" de Pastrana

No hay ninguna duda acerca de la voluntad de paz con la que se inició el gobierno de Pastrana. Contra viento y marea, a costa de frecuentes concesiones y a riesgo de perder rápidamente el apoyo de la opinión y el de la propia clase política, se esforzó por mantener los diálogos. Cosa distinta es comprobar que no parecía tener una verdadera estrategia de negociación. Como si la mera referencia a la paz bastara para desbrozar el camino, en ningún momento se presentaron a la guerrilla proposiciones concretas que correspondieran, así fuera parcialmente, a sus exigencias y revindicaciones, y que al menos las habrían conducido a pronunciarse sobre ellas. Tampoco se consiguió unir a la sociedad y a la dirigencia política en torno a algo que se asemejara a un propósito nacional. Además, no hay razón para pensar que las guerrillas no habrían sido sinceras en sus exigencias de una transformación social. La reforma agraria, el cese de las privatizaciones y la opción por una sustitución manual de los cultivos de coca fueron reivindicaciones que siempre formularon. En dicho contexto lo que sorprende es su escasa capacidad para poner las bases de un proyecto político capaz de llegar a los sectores populares de un modo convincente y de otorgarles mayor credibilidad política. Si en el caso del ELN su difícil situación militar puede explicar en gran medida sus dilaciones en esa dirección, para el caso de las FARC su inmovilismo político no deja de ser sorprendente.

El hecho de que las negociaciones se hayan emprendido sin un previo cese al fuego sólo produciría continuas discrepancias.

La propia zona desmilitarizada que se concede a las FARC es el origen de múltiples discordias. Al no haber impuesto el gobierno ninguna reglamentación, las FARC consideran que pueden actuar con plena soberanía. Y pronto se las acusa de usar ese territorio de un modo que nada tiene que ver con las negociaciones: de proceder a un reclutamiento intensivo, de utilizarlo como retaguardia para replegarse después de varias operaciones militares y de tener en él a una buena parte de sus secuestrados. Por lo demás, cada uno de los intentos posteriores de redefinir el carácter de la zona será fuente de nuevas tensiones. La instalación de un control aéreo sobre ella a fines de 2001 será, por cierto, el preludio de la ruptura. Puede decirse que la oposición de muchos sectores a la concesión de una zona semejante para el ELN, prevista para el inicio de las conversaciones con este otro grupo guerrillero, debe mucho a esa fallida experiencia.

Si la serie de enfrentamientos que se produjeron entonces hubiera consistido tan sólo en combates entre el Ejército y las guerrillas, por sí misma no habría puesto en peligro el desarrollo de las negociaciones. Pero a todo lo anterior se añadió un incremento en las acciones y las atrocidades de los paramilitares. Las guerrillas acusan al gobierno de inercia frente a una situación como ésa, y a los militares, de complicidad en tales acciones. Estados Unidos acusa a muchos militares por su comportamiento y presiona para que se los llame a calificar servicios. Aunque el gobierno afirma que desde el año 2000 el número de paramilitares capturados y dados de baja viene en aumento, su expansión constituye en verdad uno de los datos centrales de la manera como ha venido evolucionando la guerra.

Muchas de las acciones de las guerrillas también producirán indignación en momentos en que la opinión esperaba gestos de paz, pues al fin y al cabo era con ellas con las que el gobierno estaba negociando. Los secuestros masivos que lleva a cabo el ELN y el incremento de los plagios por parte de las FARC en retenes improvisados en las carreteras suscitan un escepticismo cada vez mayor. A ello se añade la conmoción que producen algunos asesinatos, como el de la muy popular ex ministra de Cultura Consuelo Araújo mientras se encontraba secuestrada. Por otro lado, continúan con los sabotajes y llegan a bloquear durante varios meses de 2001 el trasporte de crudo por el principal oleoducto.

A menudo se considera que la solución negociada depende de la neta superioridad de uno de los dos bandos o del equilibrio que surja entre ellos, y de que llegue a ser imposible que cualquiera consiga que la situación evolucione en favor suyo. El fracaso del proceso de paz se debe, entre otros aspectos, a que ninguna de esas eventualidades se dio por entonces en el caso colombiano. El enfrentamiento no se deja reducir a una división entre dos campos, y cada uno de los protagonistas cree que la situación puede evolucionar a su favor. Un cierto grado de polarización está en curso, lo que exacerba el clima de guerra.

Los atentados del 11 de septiembre irán a acentuar todavía más esa polarización. Y ocurren en momentos en que las FARC habían dado ya múltiples signos de estar dipuestas al rompimiento. Poco antes de esa fecha, Estados Unidos había catalogado a las FARC, al ELN y luego a las AUC como organizaciones terroristas. El arresto de tres militantes del IRA a su salida del Caguán reforzó las sospechas de los vínculos de las FARC con organizaciones terroristas extranjeras. Pese a todo, Pastrana intentó durante un tiempo pasar por alto las implicaciones que la "guerra contra el terrorismo" invariablemente ejerce sobre la percepción que se tiene de la situación colombiana. La súbita radicalización de su actitud respecto de la zona desmilitarizada y su exigencia de un inmediato cese al fuego para prorrogarla de nuevo se deben, en una medida determinante, a la nueva política estadounidense. El discurso que pronuncia Pastrana el 20 de febrero de 2002 anunciando la ruptura de las negociaciones conlleva la aplicación de las categorías del terrorismo internacional para calificar el conflicto colombiano. De un día a otro las FARC son calificadas de terroristas y narcotraficantes.

Cae entonces el telón sobre tres años de esperanzas y frustraciones, y queda un paisaje de guerra más cruel que antes, con el trasfondo de una descomposición social visible por doquier.

La degradación del conflicto durante el proceso de paz de Pastrana

Las FARC aprovecharon el proceso de paz para consolidar sus posiciones en torno a la zona desmilitarizada, en particular en Huila y en los departamentos que atraviesan los ejes de comunicación hacia los dos océanos.

Además, como decíamos, todo el proceso de paz está marcado por la expansión de los grupos paramilitares. Tras consolidar su control sobre Córdoba y Urabá, hacen su irrupción en zonas de control guerrillero, incluso en algunos de sus bastiones más sólidos. No sólo ya no hay zonas sustraídas a su posibilidad de acción, sino que tienden a resolver a su favor las relaciones territoriales de fuerza.

En el capítulo siguiente volveremos sobre este punto; sin embargo, aquí es inevitable referirse al caso de la región del Magdalena Medio. En lo que durante muchos años había sido el bastión del ELN (hasta el punto que allí estaba su Estado Mayor), los paramilitares logran debilitar el dominio que ejercía y también hacen retroceder posiciones de las FARC. Incluso obligan al gobierno a dar marcha atrás: en efecto, consiguen movilizar a la población local para impedir la desmilitarización de la zona, donde se había planeado que tuvieran lugar las conversaciones con el ELN. Ello, pese a la detallada reglamentación que con el concurso de los "países amigos" se formuló, con el fin de evitar que se repitieran los litigios que surgieron en el Caguán. Símbolo de dicho progreso paramilitar es, ante todo, la manera como consolidan su presencia en la ciudad de Barrancabermeja a comienzos de 2001. Con más de 300.000 habitantes, sede de la mayor refinería del país, ubicada en un punto estratégico sobre el río Magdalena, con una tradición obrera radical que se remonta a los años veinte, demostrada por la combatividad del principal sindicato petrolero, la USO, la ciudad se hallaba desde hacía unos años bajo el triple influjo del ELN, de las FARC y de los paramilitares. Con anterioridad los paramilitares habían perpretado numerosos asesinatos selectivos y masacres. En 1999, una masacre de 37 personas secuestradas en la ciudad y asesinadas luego con frialdad condujo a varias ONG a improvisar un tribunal internacional, lo que no impidió que siguieran los homicidios. Pese a ello, en pocas semanas los paramilitares tomaron prácticamente el control de la ciudad. Al igual que ocurre en muchos conflictos internos, la adhesión a sus filas de muchos guerrilleros del ELN les facilitó ese propósito. La "limpieza" que se emprende enseguida se caracteriza no ya por masacres espectaculares, sino por asesinatos selectivos que producen más de 500 víctimas en seis meses. Una vez se instalan, los paramilitares aplican una serie de dispositivos para controlar la población, pero así mismo ponen en práctica programas sociales para conseguir su adhesión. Llega a ser un ejemplo de la "paramilitarización" de una parte del país.

Los comienzos de modernización de las Fuerzas Armadas

Inseguro acerca del desenlace del proceso de paz, Pastrana favoreció simultáneamente un esfuerzo más coherente que los anteriores para modernizar a las Fuerzas Armadas.

A todo lo largo del siglo XX, el "civilismo" —una dimensión central del régimen político colombiano— relegó a las Fuerzas Armadas a un plano secundario. El presupuesto militar durante mucho tiempo fue de los más modestos del subcontinente y los generales fueron mantenidos completamente al margen de la orientación del país.

Desde el Frente Nacional, dicho civilismo se ha hecho más explícito. Se instauró una transacción implícita: a cambio de su subordinación al poder político, los militares asumirían el control del "orden público" con una autonomía casi completa. Una consecuencia de esa "división del trabajo" ha sido la carencia de cualquier tipo de concepción sobre los problemas de seguridad. Las élites civiles han sido renuentes a definir metas a largo plazo. Los militares, por su parte, tampoco han tenido la oportunidad ni los medios de llenar ese vacío; aparte de que se habría percibido como una injerencia en las prerrogativas del poder civil y de las prebendas destinadas a disuadirlos de ello, la gestión cotidiana del mantenimiento del orden los ha absorbido por completo. De hecho, han estado reducidos a una función y a una visión simplemente policiva.

No obstante, de cuando en cuando dejan sentir su descontento. Así ocurrió en 1977 frente a Alfonso López Michelsen, y luego con motivo de cada uno de los "procesos de paz". En varias ocasiones los generales han hablado alto y fuerte, a veces tras bastidores, a riesgo de ser llamados a calificar servicios (a comienzos de 1999 el ministro civil de Defensa, Rodrigo Lloreda, que tenía un gran ascendiente sobre los generales, presentó su renuncia por desacuerdos con Pastrana por la falta de condiciones en relacion con la prórroga de la zona de despeje, y gran parte de los oficales de mayor rango amenazaron con hacer lo mismo). Pero a su vez los civiles les han respondido, enrrostrándoles la falta de resultados y subrayando la ausencia de toda visión estratégica.

De hecho, el Ejército ha estado singularmente poco preparado para una lucha de gran envergadura contra las guerrillas. Generales y oficiales de alto rango evitaban hasta hace poco frecuentar el terreno de los combates. Los comandantes de las unidades no eran recompensados en función de los éxitos que pudieran obtener en la lucha, pero sí eran sancionados cuando sus unidades sufrían pérdidas, y por lo tanto eran inducidos a no tomar riesgo alguno; por otra parte, a los oficiales se los trasladaba de un sitio a otro antes de que llegaran a conocer las zonas de guerra. En ocasiones los soldados estaban desprovistos del mínimo de equipamiento indispensable. Los bachilleres no podían ser envíados a zonas difíciles. El sorteo mediante el cual se lleva a cabo el reclutamiento no impedía, sin embargo, que los hijos de las clases media y alta lograran sustraerse de la prestación del servicio militar. Burocratizadas, carentes de tecnificación y en ocasiones corruptas, las Fuerzas Armadas han tenido en suma una imagen muy negativa. Los campesinos les temían más que a las guerrillas, y fueron cuestionadas por numerosas violaciones contra los derechos humanos.

Desde 1993 comenzó un proceso de modernización que se intensificó durante el gobierno de Pastrana, sin llegar a impedir reveses espectaculares en 1995 y 1998, y sin que signifique que el Ejército haya mostrado hasta ahora una eficacia indiscutible. Si en el presente se beneficia de una imagen muy favorable, por encima incluso de la Iglesia en algunos sondeos de opinión, se debe más a la exasperación de muchos colombianos por la acción de las guerrillas, que a sus méritos comprobados.

El presupuesto militar era en 1990 de los más reducidos de América Latina. Como se puede ver en la Figura 3.2, registra un aumento considerable desde 1992, tanto en cifras absolutas como en porcentaje del PIB. El período de mayor crecimiento es el del gobierno Samper (pero consistió ante todo en una revalorización de los salarios y no en una mejora del armamento o del equipo) y disminuye, aparentemente debido a la crisis económica, durante el gobierno de Pastrana, pero la figura no toma en cuenta el monto de la ayuda proveniente de Estados Unidos.

Según las fuentes del Ministerio de Defensa, la parte propiamente militar en el conjunto del presupuesto estatal era de 7,8% en el año 2000, y de 5% del gasto público (comprendido el de las entida-

FIGURA 3.2 GASTO MILITAR EN PORCENTAJE DEL PIB

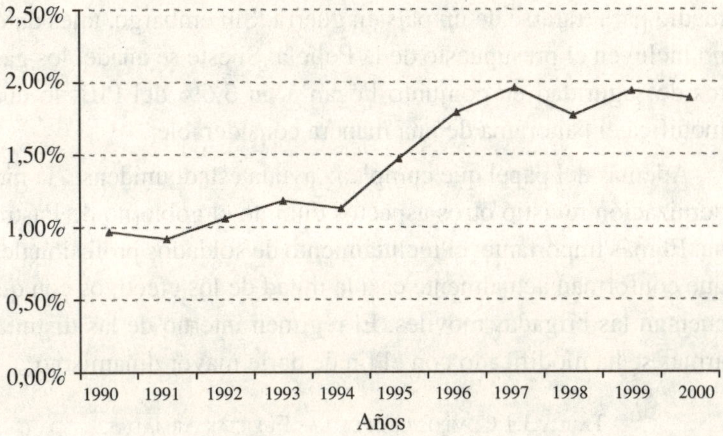

Fuente: Ministerio de Defensa, *Gasto militar en Colombia*, Bogotá, julio de 2002.

FIGURA 3.3 PRESUPUESTO MILITAR (RECURSOS INTERNOS) EN MILLONES DE PESOS CONSTANTES

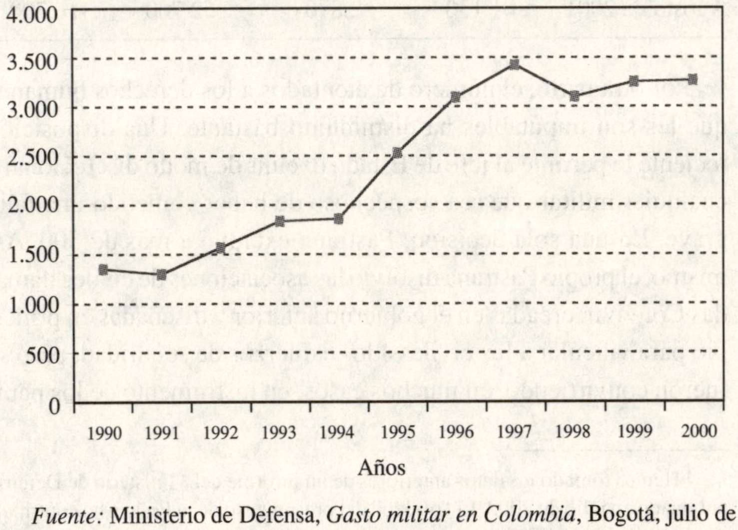

Fuente: Ministerio de Defensa, *Gasto militar en Colombia*, Bogotá, julio de 2002.

des descentralizadas). Al llegar al 1,80% del PIB para el año 2000, el gasto militar continuará situándose en un nivel relativamente medio para tratarse de un país en guerra. Sin embargo, tales datos no incluyen el presupuesto de la Policía. Si éste se añade, los gastos de seguridad en conjunto llegan a un 3,6% del PIB, lo cual modifica el panorama de una manera considerable[1].

Además del papel que cumple la ayuda estadounidense, la modernización revistió otros aspectos durante el gobierno de Pastrana. El más importante: el reclutamiento de soldados profesionales, que conforman actualmente casi la mitad de los efectivos con que cuentan las brigadas móviles. El régimen interno de las distintas armas se ha modificado con el fin de darle mayor dinamismo.

TABLA 3.1 COMPOSICIÓN DE LAS FUERZAS ARMADAS

	Soldados ordinarios	*Soldados bachilleres*	*Soldados profesionales*	*Total*
Agosto de 1999	46.904	35.334	21.156	103.394
Agosto de 2001	61.130	2.870	52.700	116.700

Por otra parte, el número de atentados a los derechos humanos que les son imputables ha disminuido bastante. Una disposición reciente le permite al jefe de Estado excluir de modo discrecional a cualquier militar que sea sospechoso de haber cometido una falta grave. En una sola decisión, Pastrana excluyó a más de 300. Así mismo, el propio Pastrana disolvió las asociaciones de civiles llamadas Convivir, creadas en el gobierno anterior y diseñadas en principio para vincular a los civiles a los esfuerzos de seguridad, pero se fueron convirtiendo, en muchos casos, en instrumento de los para-

[1] Hemos tomado los datos anteriores de un informe del Ministerio de Defensa publicado en julio de 2002. El "olvido" del presupuesto de la Policía ha contribuido a inacabables polémicas acerca del gasto en seguridad.

militares. Al final de su mandato, Pastrana había conseguido que el Ejército comenzara a reaccionar de manera más decidida contra las acciones de los paramilitares; más adelante veremos que eso no resulta suficiente para suprimir la frecuente colusión con ellos.

El reforzamiento de las Fuerzas Militares, y la mejora de su imagen, no significa que el "civilismo" se haya atenuado. Las instancias judiciales continúan ejerciendo su vigilancia sobre el comportamiento de los militares y se han rehusado hasta ahora a concederles las funciones de policía judicial que reclaman con insistencia. El procurador general mantiene la posibilidad de perseguir a los militares por acciones cumplidas en actos de servicio, lo que lleva que éstos continúen quejándose del "síndrome de Procuraduría". Y recientemente el Ejército encontró una nueva ocasión para expresar su indignación como cuerpo: la Corte Constitucional produjo una sentencia para echar atrás la condena por parte de la justicia militar de un soldado que huyó en medio del combate, sosteniendo que "no hay delito de cobardía cuando un miembro de la Fuerza Pública huya al estimar que es evidente que permaneciendo en su puesto y confrontando al enemigo pueda perder su vida"[2].

Pero al menos dicha decisión demuestra que, aun cuando Colombia ha entrado en un conflicto de modalidades cada vez más preocupantes, una parte de sus élites se niega a abandonar la referencia al Estado de derecho.

EL PLAN COLOMBIA

Hasta aquí había sido posible describir el conflicto sin referirnos al entorno internacional. El tráfico de drogas tiene, sin embargo, una dimensión internacional evidente, en razón de los flujos

---

[2] Sentencia del 19 de marzo de 2003. Lo que sorprende no es que se absuelva a un soldado que huyó (lo que pudo haberse justificado), sino que lo adoptado tenga las características de principio general.

financieros que conlleva, y desde hace tiempo Estados Unidos lo declaró un asunto de seguridad nacional. Desde ese punto de vista, Colombia es percibida en el exterior como un "país problema"; pero en verdad es rara una guerra interna de tal amplitud que tenga tan pocas ramificaciones internacionales directas. Aun antes del hundimiento del "campo socialista", las guerrillas colombianas no contaban con su apoyo, y el propio Fidel Castro se ha esforzado desde hace varios años en convencer al ELN de llegar a una solución negociada. Es cierto que el proyecto bolivariano de Chávez ha podido dar un nuevo espacio a las FARC y que el presidente venezolano no ha ocultado su simpatía por ellas, pero tal cosa no ha incidido en el curso de la guerra.

El Plan Colombia, adoptado por Estados Unidos en el año 2000, constituye, en cambio, un paso hacia un cierto grado de internacionalización.

Claro que la actitud vigilante de Estados Unidos hacia la situación colombiana es muy anterior a esa fecha. Ya en 1984 el embajador estadounidense Tambs se ocupó de las guerrillas, vinculándolas al tráfico de drogas; para ello acuñó la expresión "narcoguerrilla"[3]. Sus sucesores no han ocultado su creciente preocupación frente al auge de la economía de las drogas. La CIA ha tomado parte en las acciones contra el Cartel de Medellín; intervino directamente en la persecución a Gonzalo Rodríguez Gacha, el líder militar del Cartel, muerto en 1989, y prestó su ayuda en la lucha contra Pablo Escobar, muerto en 1993. El escándalo de la participación del Cartel de Cali en la financiación de la campaña de Ernesto Samper llevó a Estados Unidos a poner a su gobierno en una cuasicuarentena durante los cuatro años. El embajador Myles Frechette actuó como un verdadero procónsul, que a nombre de la lucha contra la corrupción se mezclaba continuamente en los asuntos internos.

[3] Poco después el propio Tambs fue cuestionado por sus vínculos con la CIA en el caso del financiamiento de la Contra nicaragüense a través de la droga.

No es sino hasta la elección de Pastrana cuando las relaciones entre los dos países retoman un curso normal. Estados Unidos dio en principio su aval al proceso de paz y parecía incluso dispuesto a sostener contactos directos con las FARC; a fines de 1998 un alto miembro del Departamento de Estado sostuvo un encuentro con una delegación de las FARC, pero el asesinato de tres indigenistas estadounidenses puso fin a esos contactos. Aun así, Estados Unidos sostuvo durante algún tiempo los conatos de negociación, y aunque no se implicó directamente, no manifestó reticencias abiertas ante el hecho de que varios países europeos ofrecieran sus buenos oficios para facilitar los diálogos. A partir del año 2000, cuando el conflicto se había degradado, Estados Unidos manifestó su inquietud ante una negociación que no avanzaba en ninguno de los temas sustanciales.

Pero las prevenciones de Estados Unidos no se circunscribieron a la cuestión de la droga o de la guerrilla. También se ha mostrado preocupado por el deterioro en el ámbito de los derechos humanos y, a diferencia de los países europeos, no ha quedado satisfecho con declaraciones de buenas intenciones al respecto. Ha intervenido forzando al gobierno colombiano a tomar medidas concretas, exigiendo el retiro de oficiales implicados en violaciones de los derechos humanos, lo mismo que la disolución de unidades militares de inteligencia particularmente implicadas en esas violaciones y en colaboración con los grupos paramilitares. Durante varios años Estados Unidos se negó a dar ayuda financiera o técnica al Ejército, reservándola a la Policía[4], que tenía bajo su control y que había sido depurada en gran medida, y de la que quisieron hacer su ariete en la lucha contra la droga. El Congreso estadounidense ha querido

---

[4] El ex comandante de la Policía, el general Serrano, estuvo cinco años en esa función gracias a que fue la persona de confianza de Washington. Licenció a más de 5.000 policías, pero eso no pareció suficiente para enderazar la situación, y el propio general Serrano, a quien Uribe sustituyó, ha tenido investigaciones en su contra.

hacer depender dicha ayuda de la "certificación" a Colombia en el campo de los derechos humanos, un procedimiento aún en vigor al iniciarse el Plan Colombia, pero no siempre da lugar a un riguroso examen. Las medidas no fueron ajenas a la espectacular disminución de los abusos cometidos directamente por los militares, que según los datos oficiales cometieron apenas entre el 1 y el 2% del total de violaciones de derechos humanos registradas; una disminución que no significa, necesariamente, que hayan desaparecido los vínculos con los paramilitares.

El Plan Colombia adoptado en el año 2000 entraña un viraje: Colombia se convierte en prioridad para los Estados Unidos. Después de Israel y Egipto, es el tercer beneficiario de su ayuda militar. En cuanto al Plan, sin duda una gran parte de su financiamiento está cubierta por Colombia y, al menos en su versión inicial, el proyecto consistió en un vasto programa de inversiones económicas y sociales. En su versión definitiva, el énfasis está en la modernización de los recursos militares, y a ese respecto la ayuda estadounidense es determinante.

El monto previsto inicialmente para dicha ayuda es de cerca de 1.300 millones de dólares: la mayor parte es para las Fuerzas Armadas. Sólo 200 millones están destinados a "refuerzo institucional", en particular en el sector de la justicia, y una suma más reducida todavía a inversión social.

Para los autores del Plan, la ayuda militar, sin embargo, debe destinarse exclusivamente a los programas de erradicación de los cultivos de coca y amapola, los cuales no han cesado de extenderse desde 1994[5]. Se trata al menos de revertir esa tendencia; aun así, la

[5] Es paradójico que el gobierno de Samper haya lanzado las primeras campañas de fumigación a gran escala. Parece que ante las reiteradas acusaciones de Estados Unidos, se vio obligado a hacer toda suerte de concesiones. Las campañas en cuestión produjeron masivas marchas de protesta por parte de colonos de Caquetá y Putumayo.

repartición de los créditos estuvo lejos de ser transparente, y una parte de ellos va a las compañías estadounidenses privadas que participan en las fumigaciones. El resto va a la conformación de brigadas especializadas en la lucha contra la droga y a la instalación de bases aéreas adyacentes a las zonas de cultivo.

En teoría, el Plan Colombia no está orientado contra las guerrillas; se propone, ante todo, debilitarlas golpeando su principal fuente de financiamiento. Desde luego que la distinción es tenue, sutil: vistos desde el aire, un guerrillero combatiente y un guerrillero que cuida un laboratorio de procesamiento o una pista clandestina se parecen mucho.

En momentos en que el Plan Colombia ya ha sido adoptado, amplios sectores de la opinión pública se han puesto en guardia contra sus implicaciones. Si el riesgo de una protesta nacionalista es mínimo —según varios sondeos de opinión, al menos la mitad de los colombianos eran partidarios en el 2002 de una intervención estadounidense—, las guerrillas encuentran en él un nuevo argumento para radicalizar su combate. En todo caso, debe ser visto como un paso importante en la internacionalización del conflicto; por su parte, los países de la Unión Europea no ocultaron su reticencia y abiertamente rehusaron unirse al Plan. A lo sumo aceptaron financiar medidas de sustitución de cultivos y de reforzamiento institucional con sumas muy modestas y con estridentes diferencias de diagnóstico, por no decir que con ingenuas ilusiones algunos, como para que pueda haber una incidencia en el curso de los acontecimientos.

Por su lado, los países latinoamericanos vecinos expresaron con vehemencia su inquietud por el Plan, cuando no su abierta oposición. Estados Unidos procuró calmar el ambiente lanzando la Iniciativa Andina, dotada de 800 millones de dólares para proseguir la erradicación de la droga en la región y financiar programas contra la pobreza. En febrero de 2003, al tiempo con la nueva ayuda para

Colombia, el gobierno estadounidense les prometió 200 millones de dólares suplementarios. No parece que eso haya bastado para apaciguar los temores. Sin que sea un efecto directo del Plan Colombia, de hecho el conflicto afecta cada vez más a las regiones fronterizas, lo cual suscita recriminaciones más fuertes. Pero las dificultades internas de los países vecinos contribuyen a que exageren la "amenaza colombiana": la profunda división política por la que atraviesa la sociedad venezolana, las incertidumbres que prevalecen en Ecuador y en Bolivia y la fragilidad del gobierno de Toledo pesan más en dicha actitud que los problemas fronterizos.

La cooperación en la lucha antidroga se metamorfoseó durante los últimos meses de la administración de Pastrana en cooperación para la "guerra contra el terrorismo". Esta mutación, improvisada en principio, se convirtió luego en la principal orientación del gobierno de Uribe, e implica numerosas contrapartidas. Los *decision makers* en Estados Unidos han multiplicado con rapidez gestos y palabras que reducen aún más el margen de maniobra de los colombianos[6].

[6] El 15 de octubre de 2001, el coordinador de la lucha antiterrorista del Departamento de Estado, Frances Taylor, declaró que había que dar a las guerrillas colombianas el mismo tratamiento que a cualquier grupo terrorista en el mundo, lo cual incluía, como en el caso de Afganistán, "el recurso a la fuerza militar"; lo que obligó al general Tapias, comandante de las Fuerzas Armadas, de visita en Washington, a replicar que Colombia no tenía necesidad de contingentes extranjeros. A partir de 2001, Estados Unidos comienza a enjuiciar a dirigentes de las FARC, con el riesgo de bloquear cualquier contacto posterior con ellos.

4

La distribución geográfica del conflicto entre guerrillas y paramilitares

Prácticamente ningún territorio del país ha quedado libre de este conflicto. Mientras las Fuerzas Armadas están lejos de poder abarcar todo el territorio, guerrillas y paramilitares hacen sentir su influencia en el conjunto del país.

En el curso de los años, las dos fuerzas ilegales se han ido moviendo en sentido contrario. Las guerrillas han progresado de las zonas de colonización hacia las zonas económicas esenciales con estructuras sociales relativamente consolidadas. Los grupos paramilitares, a su vez, partiendo de zonas económicas relativamene integradas, se han ido desplazando hacia las zonas de colonización[1].

Un esquema que sin duda debe ser tomado con matices, pero que tiene la ventaja de subrayar la inestabilidad de la distribución geográfica del conflicto. Una distribución que a partir de un

[1] Es el esquema que ha presentado, por ejemplo, Fernán González en su artículo, "Colombia entre la guerra y la paz. Aproximación a una lectura geopolítica de la violencia colombiana", en *Revista Venezolana de Economía*, vol. 8, N.º 2, agosto de 2002, pp. 13-49.

Mapa 7 Municipios con actividad armada de las AUC
(1998-2001)

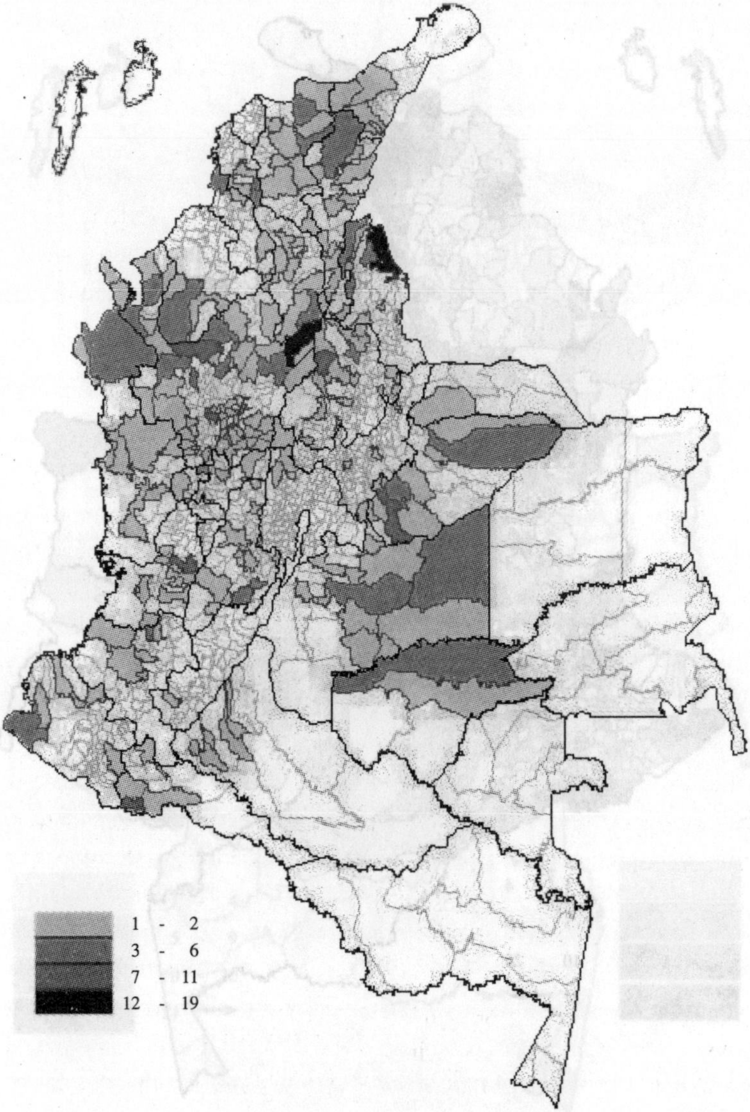

Fuente: Observatorio del Programa Presidencial de Derechos Humanos y DIH.

momento obedece a objetivos estratégicos perseguidos desde ambas partes; objetivos que no buscan ya solamente golpear al adversario, sino acumular recursos de poder y de acción que aseguren a uno u otro una ventaja a corto o mediano plazo.

Desde luego que la intervención de las Fuerzas Armadas es importante cuando se trata de saber cómo han evolucionado las relaciones de fuerza, pero han cumplido un papel menos importante en la distribución espacial del conflicto. Todo lo demás lo condicionan, y en más de una oportunidad su acción ha sido reemplazada por la de los paramilitares. Raras son las zonas donde pueda decirse hoy por hoy que los militares ejercen un control completo.

Más allá de las determinaciones estáticas

Durante mucho tiempo los analistas intentaron establecer correlaciones entre las estructuras económicas locales y los fenómenos de violencia o de conflictos armados. En la Tabla 4.1 podemos encontrar los datos correspondientes a dicha relación para el período 1985-1994, antes de que se produjera la expansión masiva de los paramilitares.

Podemos constatar, en efecto, que para esos años guerrillas y paramilitares se estaban disputando zonas de frontera interna, aun cuando varias de ellas estuvieran más hacia el centro del país que en la periferia, como es el caso del Magdalena Medio. Pero podemos ver que ya estaban presentes en zonas de agricultura "moderna", aunque todavía lejos de zonas muy urbanizadas o sus alrededores. Se nota que la guerrilla ha logrado implantarse en zonas de minfundio, ya sea en crisis o "estables", como las que se encuentran en Boyacá o Nariño y en los departamentos cafeteros. La "violencia" en sus distintas modalidades reina tanto en las zonas de frontera interior, como en las de agricultura moderna. En otras áreas de minifundio, en cambio, no está presente, en particular en las de la región caribeña.

TABLA 4.1

Tipo de estructura social	*Municipios con presencia de la guerrilla (%)*			*Municipios con presencia paramilitar (%)*	*Municipios violentos (%)*
Año	1985	1991	1994	1993	1993
Minifundio andino en crisis	13	41,5	51	5,5	26
Minifundio andino estable	12,6	31	48	0,7	17
Minifundio de la costa caribeña	6,5	12,9	19	0	6,4
Latifundio ganadero	7,5	37	50	6,4	25
Zona de agricultura marginal	15,4	30,8	46	10,2	15,4
Frontera periférica	44,4	65	79	22,2	49
Frontera interna	62,1	87,9	93	29,3	100
Campesinado medio no cafetero	15	43	54	5,2	38
Campesinado medio cafetero	1,7	30	42	1,7	40
Estructura agrícola moderna con predominio rural	25,8	42,2	62	17,7	40
Estructura agrícola moderna predominio urbano	13,3	44	56	21,8	56
Ciudades secundarias	3,2	39	65	9,6	41,9
Capitales locales	9,5	57,1	90	4,7	21

Fuente: Para 1985: L. Sarmiento, "Pobreza y violencia" en O. Fresneda, L. Sarmiento, M. Muñoz *et al.*, *Pobreza, violencia y desigualdad: retos para la nueva Colombia*, Bogotá, PNUD, 1991. Para 1991 y 1993 y municipios violentos: Camilo Echandía y Rodolfo Escobedo, *Violencia y desarrollo en el municipio colombiano, 1987-1993*, Bogotá, Presidencia de la República, 1994. Para 1994: Camilo Echandía, *El Tiempo*, 9 de julio de 1995.

Ya algo difusas desde hace una década, tales distinciones han perdido toda pertinencia hoy en día. Al respecto basta mirar los casos de Nariño o de Chocó, que se han convertido en teatros principales de guerra. Son a la vez los departamentos más pobres de Colombia, pero su creciente participación en el conflicto ha tenido que ver más con su ubicación geográfica que con su pobreza. Al mismo tiempo, no se registran cambios significativos en la región del Caribe, lo cual explicaría el comportamiento constante de la tasa de homicidios en algunos de sus municipios.

Hay, desde luego, territorios que se encuentran de una manera relativamente estable bajo el dominio de uno de los protagonistas. Las FARC siguen fuertemente asentadas en el sur del país (en Caquetá, Putumayo y Guaviare). Los paramilitares han conquistado sólidos bastiones en el norte (en Córdoba y Urabá). En el primero de los casos subsisten las huellas de las antiguas relaciones que se establecieron entre los colonos y la guerrilla. En el segundo lo que se manifiesta es la influencia de un tipo de propietarios agrarios, ganaderos y de compañías agrícolas asociadas al comercio de exportación (el banano en Urabá, principalmente). Pero todo ello no hace sino confirmar lo evidente: que los dos protagonistas se apoyaron al principio sobre grupos sociales radicalmente diferentes. Por lo demás, tales bastiones —en la realidad, muy permeables— en los actuales momentos tienen ante todo una significación militar, como bases de operación y de repliegue.

Las "determinaciones objetivas" tienen menos capacidad explicativa que nunca. La guerra colombiana, como cualquier guerra interna, no actúa evidentemente en un vacío social. Pero las adhesiones, cuando existen, son más una cuestión de interacción con los grupos armados. Las simpatías y los intereses cuentan, desde luego, pero también la necesidad y el constreñimiento. En el momento actual, los actores armados no buscan ganarse a la población (salvo localmente); pretenden, ante todo, reforzar sus medios en función de sus objetivos.

Trataremos de entender entonces la distribución geográfica del conflicto con relación a dichos objetivos.

La acumulación de recursos económicos

La droga continúa siendo el principal recurso de las organizaciones ilegales. No es sorprendente que guerrillas y paramilitares se entreguen a una guerra sin cuartel por el control de las zonas de cultivo de coca, y en menor grado por las zonas de cultivo de amapola.

Durante mucho tiempo las FARC ejercieron un virtual monopolio de las zonas cocaleras[2], y todavía tienen una posición dominante en algunos sectores de la Amazonia; además, por lo que parece, se han dedicado a desarrollar nuevas áreas de cultivo en Guaviare y en Arauca. Incluso el ELN se ha vinculado recientemente, y los paramilitares ya compiten con la guerrilla en todas partes.

En años recientes, los paramilitares llevaron a cabo avances en Putumayo —un epicentro del cultivo de coca— a expensas de las FARC, antes de que las sucesivas fumigaciones redujeran la extensión cultivada. Masacres y desplazamientos forzados acompañaron ese avance. El enfrentamiento por estos cultivos entre las FARC y los paramilitares afectaron también a Caquetá, Meta (donde, entre otras, los paramilitares perpetraron en 1998 la masacre de Mapiripán con cerca de 30 víctimas) y Casanare. Otras zonas de cultivo, como el Catatumbo (en Norte de Santander) o la sierra nevada de Santa Marta (que produce tanto coca como amapola), se ven arduamente disputadas por las dos organizaciones.

Como por casualidad, son igualmente regiones cocaleras donde los paramilitares de una manera encarnizada se han propuesto desalojar al ELN. Es el caso de la serranía de San Lucas donde ha

---

[2] Sólo se trata aquí del monopolio de más influencia en las zonas de cultivo. Es posible que la guerrilla deje una gran parte de los cultivos en manos de los colonos y, por su parte, los paramilitares a los grandes cultivadores; o que estén implicados de manera distinta en cuanto a la comercialización. Las diferencias, en todo caso, ya no son tan marcadas como antes. Sobre este punto volveremos; la guerra se ha producido en torno a las áreas de cultivo.

estado la base principal de la organización. Es también el caso del Catatumbo, otro bastión histórico del ELN, ahora compartido con las FARC, donde se han llevado a cabo fuertes enfrentamientos. Los paramilitares han intensificado recientemente sus incursiones en el Macizo Colombiano, en los confines de Huila y Cauca, durante mucho tiempo controlado por el ELN, que ha protegido allí cultivos de amapola.

Pero los cultivos de coca o amapola no son estáticos. Su propagación va de la mano con el asentamiento de los protagonistas ilegales, sea que la precedan o la sigan. Se han incrementado en Arauca, antiguo bastión del ELN y hoy de las FARC. Progresan a buen ritmo en Nariño, un departamento que durante mucho tiempo se había mantenido al margen de la guerra y que es hoy uno de sus epicentros.

La coincidencia entre zonas de cultivo y zonas de guerra demuestra, si fuera menester, que en este punto las ilegalidades se refuerzan unas con otras.

Un ejemplo más modesto es el que nos proporcionan los llamados "carteles de la gasolina". El saqueo primitivo del combustible transportado por el principal oleoducto y la reventa de las cantidades así extraídas constituyen desde hace unos años una base de finaciamiento, sobre todo en Barrancabermeja. Los ingresos producidos por esta clase de actividad son altos. Los milicanos ligados a las guerrillas, así como bandas de delincuentes, eran los principales beneficiarios. Desde que se convirtieron en amos de la ciudad, los paramilitares han controlado una gran parte de esta actividad. La intensidad de los conflictos urbanos se ha visto favorecida por tales recursos[3].

Los polos de extracción minera, que desde hace tiempo venían siendo sometidos a extorsión por parte de la guerrilla, se han con-

[3] También el Ejército ha sido acusado de hacerse con parte del botín.

vertido en sitios de enfrentamiento crónico. El Ejército, claro, está presente en los más importantes de ellos (pozos de petróleo y minas de carbón de El Cerrejón).

Las únicas excepciones las constituyen aquellas regiones en las que un grupo mantiene un dominio indiscutible: las zonas amazónicas que mencionábamos antes, el Urabá y el norte del Valle controlados por los narcotraficantes y los paramilitares. Vale la pena detenerse en aquellas regiones en las que el principal recurso es distinto de la droga, el mejor ejemplo es la zona esmeraldífera de Boyacá. Al haber sido la esmeralda uno de los principales productos de exportación, el Estado en ningún momento estuvo en condiciones de asegurar el control de esta actividad y terminó entregándola mediante concesiones a auténticas mafias, que se organizaron para enfrentar las amenazas de las guerrillas. Su potencial financiero y militar les permite poner en práctica una auténtica disuasión[4].

Los principales corredores de comunicación

Otra de las prioridades, tanto para las guerrillas como para los militares, es el control de los corredores que comunican con los océanos y con las fronteras, para asegurar tanto la importación de armas como la exportación de droga[5].

---

[4] Ningún caso ilustra como éste la precariedad del Estado. Hace más de dos siglos que la zona mantiene su autonomía. Aún hoy comporta un grado de aislamiento voluntario impidiendo la construcción de carreteras de fácil acceso: hacia fines de los años sesenta el gobierno quiso retomar el control, pero debió echar marcha atrás en ese propósito. Las explotaciones se llevan a cabo mediante contratos con el Estado, pero lo esencial de la producción se comercializa mediante el contrabando. El fracaso de la guerrilla en tener presencia en la zona no implica que haya paz. De manera periódica se desatan terribles batallas entre diversos clanes. El líder de una de las organizaciones, Víctor Carranza, domina la provincia. Según varios cálculos, dirige miles de hombres y también ejerce su influencia en el departamento del Meta, donde posee enormes propiedades.

[5] Véanse al respecto los diversos trabajos de Camilo Echandía, en particular el aparecido en la revista *Problèmes d'Amerique Latine*, N.º 44, 2002.

Las FARC controlan el primero de tales corredores: es el que va de Huila y Caquetá hasta la costa pacífica, pasando por Cauca y Nariño. Tiene un papel esencial para la salida de la droga procedente de la región amazónica. Las FARC también han querido reforzar su presencia en el occidente de Putumayo (y en torno a su capital, Mocoa) y a lo largo de la ruta que va de Túquerres a Tumaco. Desde hace tres años los paramilitares han intentado copar dicho corredor y apoderarse de él, por lo menos de su parte más occidental. Y los combates, masacres, asesinatos se han sucedido sin pausa y a grados extremos, llegando hasta la misma costa, donde además abundan los cultivos de coca. De Buenaventura a Tumaco la guerra es cotidiana.

El segundo de los corredores es el que lleva al Pacífico, más hacia el norte, en aquella parte de Urabá que pertenece al departamento de Chocó: el mismo corredor da acceso a Panamá y al Caribe, y durante mucho tiempo estuvo controlado por las FARC, pero la conquista de la mayor parte de Urabá por los paramilitares hacia 1995 las fue privando de esta posición clave. Aun así, las FARC intentan a toda costa dominar el norte de Chocó, y se hallan por ello en pleno enfrentamiento con los paramilitares. En tales condiciones, la zona de Riosucio, Juradó y una buena parte de las poblaciones situadas sobre el río Atrato, una de las zonas con mayor miseria en el mundo, se ha visto afectada además con una serie inacabable de atrocidades. Fue allí donde tuvo lugar en 2001 la masacre de Bojayá, que produjo 129 víctimas[6].

El tercer corredor, de los más recorridos en la historia colombiana, es el que pasa por el río Magdalena. Barrancabermeja, la

[6] Recordemos que las FARC lanzaron varios cilindros de gas sobre la iglesia en la que había buscado refugio la población, pero también un grupo paramilitar. Bojayá estaba bajo el influjo de las FARC, pero un grupo paramilitar acababa de penetrar. Al Estado y al Ejército se los ha cuestionado por haber sido informados de la incursión sin que hubieran hecho nada para impedirla.

capital petrolera, ocupa en él un punto decisivo y, como vimos, prácticamente fue conquistada por los paramilitares hace dos años. Es un corredor que va a desembocar a la costa caribeña, pasando por los Montes de María, donde los paramilitares han llevado a cabo frecuentes y crueles matanzas.

Hay también nudos estratégicos, que controlan el acceso a los mencionados corredores, o algunos de sus pasajes. La violencia ha llegado allí a extremos de paroxismo. Citemos tan sólo tres ejemplos:

a) En la zona de San Luis, Cocorná y otros municipios vecinos, donde converge la ruta Bogotá-Medellín, y la que desde Medellín desciende hacia el Magdalena Medio, el ELN, los paramilitares y las FARC han combatido desde hace años: el ELN, promoviendo los "paros armados" y practicando el secuestro; los paramilitares, mediante el uso del terror; las FARC, destruyendo en varias ocasiones los centros urbanos.

b) La zona de Dabeiba y Peque, rica en cultivos de coca y paso obligado hacia el Urabá: los combates son allí crónicos, y según sus alternativas la zona queda en manos del Ejército, de las guerrillas o de los paramilitares.

c) La zona del nudo de Paramillo, sin duda la que se ha disputado más arduamente, alberga también importantes plantaciones de coca y comunica el centro de Antioquia, con Córdoba y la costa atlántica. Las FARC y los paramilitares la circundan. Carlos Castaño, el líder de las AUC, llegó a establecer allí su puesto de comando, y las FARC lo atacaron por sopresa en 1999[7]. La lista podría alargarse. En Aguachica (Cesar), por ejemplo, que domina las rutas entre Norte de Santander y la costa atlántica, se registra una

[7] Un ataque en el que las FARC procedieron como los paramilitares, matando a combatientes y a civiles, y del que Castaño escapó a duras penas.

violencia crónica. Valledupar, capital del departamento, está prácticamente cercada por los actores armados.

Por su parte, las FARC tienen otros corredores estratégicos. Uno de ellos conduce de Caquetá hacia Bogotá, pasando por el páramo de Sumapaz. La parte más elevada de Ciudad Bolívar, una periferia popular de la capital, conglomerado urbano de unos 800.000 habitantes, da acceso directo al Sumapaz, región que se encuentra entre los 3.000 y 3.300 metros de altura y que desde hace unos 70 años está bajo la égida del Partido Comunista. Hace poco el Ejército instaló una base allí, en su intento de controlar los accesos de la capital[8].

Las posiciones de control

Con la anterior expresión nos referimos a aquellas zonas en las que la guerrilla se ha instalado ante todo para atacar o amenazar centros económicos o políticos importantes. Cuando esto ocurre, los paramilitares por lo general procuran establecerse allí para expulsarla. De ese modo las cercanías de las grandes ciudades han quedado expuestas al dominio o a la lucha por el dominio entre estos protagonistas.

Los accesos a Bogotá, por ejemplo, no son solamente vulnerables por las cercanías con el Sumapaz, tanto guerrilleros como paramilitares han buscado posiciones en sus accesos occidentales; y así, poblaciones próximas como Sasaima o La Mesa, hasta hace poco muy tranquilas, presencian enfrentamientos cada vez más frecuentes.

Los accesos a Cali tampoco se escapan a tal lógica; los paramilitares han conseguido dominar Buga y Tuluá, hacia el norte; el ELN, los farallones de Cali hacia el occidente, y por su parte las

---

[8] Es una zona en la que durante el año 2000 se mantuvieron varios de los secuestrados.

FARC, la zona de la carretera hacia Buenaventura por el occidente y algunas poblaciones por el oriente.

Medellín está cercado en sus cuatro costados por grupos ilegales. La diferencia en este caso es que los dos bandos se enfrentan dentro de la misma ciudad por intermedio de "milicias" o de "bandas". Desde hace meses la guerra en algunas de las comunas es una guerra abierta. El Ejército ha intervenido puntualmente en varias de ellas, pero por lo demás deja que sean los paramilitares quienes terminen el trabajo.

Lo anterior no significa, sin embargo, que la guerrilla se esté aprestando a lanzar grandes ofensivas contra las ciudades. Está lejos de contar con apoyo suficiente para ello, pero puede llevar a cabo sabotajes importantes y propiciar un clima general de inseguridad. Ahora, que sean los paramilitares los que desarrollen dispositivos para neutralizar tal intento, y a unos pocos kilómetros de zonas densamente urbanizadas, nos demuestra lo lejos que se encuentra el Estado de detentar el "monopólio de la fuerza".

Dichas "posiciones de control" conciernen también a las infraestructuras económicas. Aquí lo que cuenta para la guerrilla no es la acumulación de recursos, sino la posibilidad de sabotear instalaciones de valor estratégico para la economía nacional.

Nos limitaremos a ver el ejemplo del oriente antioqueño, de por sí ilustrativo, y que se ha convertido en uno de los epicientros de la guerra. Más de una tercera parte de la capacidad de generación eléctrica se encuentra instalada en esta zona. El ELN ha estado allí desde hace varios años; las FARC hicieron su arribo luego y tienden a absorberlo; los paramilitares se han propuesto recuperar la zona. Las dos guerrillas han multiplicado los sabotajes y atentados a la infraestructura de producción y distribución eléctrica, ante lo cual los paramilitares respondieron con el terror. Masacres, desplazamientos de población y bloqueos de vías son comunes. Poblaciones como El Peñol, Guatapé y San Carlos con frecuencia se ven aisladas de la región.

Zonas de infiltración

Muchas otras regiones, sin ser necesariamente escenario de combates directos, se ven sujetas a una rivalidad de los grupos antagónicos que tienen estrategias de infiltración más o menos discretas. Y puede tratarse tanto de zonas de economía dinámica, como de zonas de economía en crisis.

Hoy puede decirse que casi todas las zonas de agricultura capitalista y de grandes predios ganaderos están sometidas a presiones de los dos lados. Como sabemos, los narcotraficantes adquirieron enormes extensiones de las tierras más ricas, y allí tienen su asiento natural los grupos paramilitares. Por esto, las guerrillas se ven impedidas para llevar a cabo la extorsión; en cambio, la usan sistemáticamente en zonas de agricultura moderna, como las plantaciones de algodón en Cesar o de oleaginosas en el Magdalena Medio. Lo que resulta soprendente es que todo ello no haya conseguido hasta ahora frenar el dinamismo de este sector de la agricultura. En 2001, el producto agrícola total aumentó en 4%, en 2002, en 2,3%. Lo que prueba que los costos de la violencia han podido ser absorbidos en algunos sectores de la economía.

Pero al lado de todo ello, grandes sectores de la economía campesina registran una grave crisis. La brutal apertura económica que se llevó a cabo a comienzos de los años noventa la golpeó de frente. Las zonas arroceras y de producción de víveres continuán en medio del marasmo y han perdido parte de su población; en la medida en que la descomposición social adquiere a veces dimensiones dramáticas, la propagación del conflicto armado se facilita.

Ése es el caso de los departamentos ligados tradicionalmente al café. Pese a todas las desigualdades que existían, durante mucho tiempo la Federación de Cafeteros había llegado a garantizar, en lugar el Estado, la modernización continua de la infraestructura y a organizar a los productores. La caída constante de los precios desde el momento en que se pone fin al Pacto Internacional del Café, a fines de los años ochenta, condujo a la ruina a medianos y pequeños productores, y ha llevado a la propia Federación al borde de la quiebra. El terremoto de Armenia acentuó esa tendencia, aun cuando la reconstrucción de la ciudad haya sido reconocida internacionalmente como un logro de primera categoría[9].

Desde mediados de los años noventa, una violencia de descomposición social, en la que los actores armados sólo tienen una responsabilidad limitada pero a la que el auge de la economía de la droga no hace más que alimentar[10], afecta a toda la región. En los últimos años, guerrillas y paramilitares se han asentado sólidamente en esta región que, además de su grave situación social, es un nudo de comunicaciones, pues está atravesada por los ejes viales que unen Cali, Medellín y Bogotá. Aunque sólo ocasionalmente se llevan a cabo enfrentamientos, la presencia de los grupos armados es ostensible por doquier. La recuperación de la región es más un asunto de inversiones sociales y económicas que de táctica militar.

---

[9] Fue una entidad privada, que coordinó a otras entidades, públicas y privadas, la responsable del proceso. Mediante un calendario preciso, y vinculando ampliamente a la propia población, pero prescindiendo de la clase política local, es un ejemplo de la eficacia de algunos de los dirigentes colombianos.

[10] En los años ochenta Armenia fue el feudo de Carlos Lehder, asociado al Cartel de Medellín e iniciador de un partido político local: el "Movimiento Latino" —singular mezcla de populismo y fascismo, y de vínculos con las guerrillas—, antes de ser extraditado a Estados Unidos. Pereira prosperó gracias a los capitales de la droga, y por esa vía llegaron también los cultivos de coca y amapola a la región, hoy se calcula en unas 1.000 hectáreas su extensión.

Las guerrillas y las fronteras terrestres

Debemos dedicar una consideración aparte a las fronteras terrestres. No se trata de zonas de guerra, sino de zonas que su mayor parte están bajo el control de las guerrillas, dadas sus ventajas estratégicas. Esta situación inquieta cada vez más a los países vecinos.

En varias de las zonas fronterizas se han producido enfrentamientos con el Ejército. Así ocurre en el largo tramo fronterizo con Venezuela. La serranía de Perijá, al noreste; la región de Tibú, en Norte de Santander, y Arauca han sido regiones con presencia de varios actores armados, incluyendo, por supuesto, a las dos organizaciones guerrilleras más antiguas. Como veremos, la frontera con Venezuela ha estado a punto de convertirse en un problema diplomático delicado. En Colombia se ha acusado, en efecto, al país vecino de albergar bases de entrenamiento o de repliegue de las guerrillas, así como permitir rutas de aprovisionamiento.

Las FARC, por su cuenta, controlan una gran parte de las fronteras al sur, y por ende todo tipo de tráfico con los países limítrofes. Pese al refuerzo de los puestos militares brasileños, la frontera sigue siendo muy porosa. Si había dudas todavía acerca del tráfico de drogas y armas que se llevaba a cabo por esa frontera, el arresto en 2002 en el sector amazónico colombiano de *Fernandinho* (Fernando de Beira Mar), importante narcotraficante de Río de Janeiro, las disipó. Con Perú el comercio de armas no se ha detenido, y parece ser tan fluido como cuando sucedió el caso de los 10.000 fusiles en que estuvo involucrado el ex asesor presidencial Vladimiro Montesinos. En cuanto a Ecuador, no tiene medios militares para vigilar los pasos fronterizos hacia Colombia, pese a la base militar de Manta, y eso parece haber permitido a las FARC implantarse en algunas franjas del norte de su territorio y llevar a cabo el comercio clandestino.

La impotencia del Estado colombiano para afirmar la soberanía en sus fronteras es de larga data. Casi sin ser consciente de ello, se dejó despojar de amplias porciones del territorio amazónico en el siglo XIX. Con posterioridad sólo ha establecido contados y frágiles puestos militares. Aunque no pueda decirse que haya consistido en un abandono de soberanía, con motivo de la Constitución de 1991 se aceptó otorgar a las poblaciones indígenas derechos específicos sobre más de 200.000 kilómetros cuadrados, a riesgo de enfrentar múltiples litigios por eventuales recursos mineros[11]. Todo lo que han hecho las FARC es aprovechar ese vacío para su estrategia; pero su dominio de las fronteras no les concede una ventaja militar en sí misma, aunque sí incrementa su capacidad económica, un componente fundamental de su poder como actor militar.

Territorialización y desterritorialización del conflicto

Como dijimos al comienzo del capítulo, la distribución geográfica del conflicto es muy inestable. En ocasiones algunos observadores especulan con una división del territorio nacional, según la cual las guerrillas adquirirían un control pleno en el sur del país y los paramilitares en el noroccidente, manteniendo el Estado central el resto. Especulaciones aparte, no se puede excluir que mediante la negociación llegue el momento en que al menos las guerrillas, en efecto, obtengan el reconocimiento de ciertas prerrogativas en diversas zonas.

Si es bien cierto que las guerrillas poseen en el sur de Caquetá o en Guaviare zonas seguras, y que los paramilitares están solidamente asentados en Córdoba y Urabá, eso no significa que la po-

[11] Los litigios en el territorio de los U'wa, en los límites de Norte de Santander y Casanare, donde la Occidental va a explotar yacimientos petrolíferos, son un ejemplo de ello. Las ONG orquestaron una amplia campaña internacional contra el gobierno colombiano, y el ELN se encargó de atizar el conflicto.

blación que habita esas regiones haya otorgado a sus "protectores" un apoyo incondicional, como lo han mostrado, por ejemplo, las eleciones más recientes. No puede hablarse entonces hoy de "territorios liberados"; en realidad el conflicto está lejos de traducirse en delimitaciones territoriales claras.

Hay que recordar, en todo caso, que sus efectos se sienten por doquier. Más allá de sus zonas seguras, los protagonistas acuden a medios que tienen que ver con el control geográfico. Los secuestros no se producen sólo en las zonas rurales. La extorsión afecta a las principales metrópolis. La "Ley 002", con la cual las FARC pretendieron una especie de impuesto sobre los industriales y comerciantes de cierto tamaño bajo la amenaza de secuestro, implicó el aumento de la inseguridadd privilegiados sin importar su lugar de residencia.

Pero lo esencial está en otra parte. Como la mención de los principales teatros de guerra lo puede probar, los actores armados se están disputando casi todas las zonas estratégicas. El resultado es que, más allá de su eventual predominio en una o en otra zona, las líneas de separación son cada vez más precarias y fluctuantes. Lo que a veces se describe como "macroterritorios" resulta ser en verdad una "colcha de retazos" compuesta de microterritorios.

Más de una vez tales microterritorios coexisten a pocos kilómetros de distancia. En Putumayo, por ejemplo, acontece a menudo que dos poblaciones vecinas, ambas dedicadas al cultivo de coca, estén la una en manos de los paramilitares y la otra en manos de las guerrillas, alternando momentos de coexistencia política y de enfrentamientos. Mencionamos ya el nudo de Paramillo, donde las FARC y los paramilitares se reparten el municipio de Ituango. En otras zonas, los guerrilleros ocupan las laderas montañosas y los paramilitares las áreas bajas, dentro de un mismo municipio. Ése es el caso de San Pablo y otras poblaciones del Sur de Bolívar. Los paramilitares controlan los accesos a la sierra nevada de Santa

Marta; las FARC, sus estribaciones. Más a menudo aún, los paramilitares se instalan en el centro urbano del municipio y las guerrillas en su zona rural. En tal situación no es raro entonces que los paramilitares cohabiten con los militares, como lo ilustran muchos ejemplos en el Sur de Bolívar o en el nororiente antioqueño, lo que alimenta las acusaciones de colusión.

Una colcha de retazos semejante no permite la definición de fronteras fijas o simplemente de algún tipo de frontera visible. Son las acciones armadas las que las van constituyendo; acciones que no suelen consistir en la irrupción pura y simple de un grupo armado. Hay aquí también gradualidad. Los avances de los protagonistas están precedidos de amenazas, advertencias, masacres y expulsión de habitantes, quienes descubren que hay una frontera cuando se convierten en "sospechosos", por no decir en "blanco militar", si van a la población cercana, o cuando no pueden desplazarse al mercado sin pasar por rehenes.

Cierto, lo que se juega en la guerra es el territorio, en la medida en que la posesión de éste equivale a la adquisición del poder. Pero allí donde se libra con toda su intensidad sólo subsisten "microterritorios", lo cual es una manera de decir que el poder, en principio, está fundado sobre la coerción y el terror.

5

Los desafíos políticos, económicos y sociales del gobierno de Uribe

El triunfo electoral de Álvaro Uribe se logró en pocos meses. Durante mucho tiempo figuró en la campaña como un *outsider*. Frente a Horacio Serpa, candidato oficial del Partido Liberal y miembro prominente de la clase política, Uribe parecía tener pocas oportunidades: aparecía como un liberal disidente, carente de redes políticas a escala nacional, acusado de haber sido tolerante con los paramilitares cuando fue gobernador de Antioquia y poco conocido por fuera del departamento. Seis meses antes de la jornada, sin embargo, los sondeos mostraban que su candidatura estaba en ascenso. De modo que su elección en la primera vuelta fue un acontecimiento sin precedentes.

Y obedeció a la creciente polarización respecto de las guerrillas. Mucho antes de la ruptura de negociaciones, la falta de cualquier gesto de su parte, así fuera para "humanizar" el conflicto, y un grado de exasperación ante sus continuas exacciones fueron conduciendo a amplios sectores a cuestionar la "debilidad" de Pastrana y a desear una política resuelta de combate contra la subversión. Tras el 11 de septiembre, el propio clima estadounidense de "guerra contra el terrorismo" hizo eco en ciertos sectores de la sociedad colombiana por boca de políticos y militares. Algunos incluso no ocultaban sus simpatías hacia los paramilitares. Y el hecho de que Uribe haya criticado en forma constante el "proceso de paz" de Pastrana no fue, desde luego, ajeno a su victoria. Partidario declarado de una línea firme frente a la guerrilla, logró sintonizarse con la opinión.

Lo que se esperaba de él era, en primer lugar, mejorar la eficacia de la lucha antiguerrillera. Para ello, el incremento de los medios militares es un componente esencial. Pero su gobierno debe enfrentar, así mismo, otros dos retos: restaurar el principio de autoridad (y para ello llevar a cabo las reformas institucionales necesarias) y enderezar la situación económica, más aún la social, que desde 1996 se ha tornado dramática.

Estos objetivos no son fácilmente compatibles. El aumento del gasto militar va en contra de la austeridad económica. A su vez, las reformas institucionales necesarias pueden entibiar el apoyo de la clase política. Por lo demás, las exigencias del corto plazo pueden ir en contravía del crecimiento y de las inversiones sociales.

En cuanto al estilo de gobierno, Uribe da cuenta sin duda de una tenaz voluntad de restaurar la soberanía del Estado. Ningún presidente hasta el momento había actuado con un ritmo tan acelerado en esa dirección. Siempre en primera línea, interviniendo de modo simultáneo en todos los frentes de acción gubernamental, sólo delegando el mínimo, esforzándose en cohesionar a civiles y militares a la vez que ejerce un minucioso seguimiento sobre el curso de sus decisiones y su ejecución, evaluando una y otra vez los resultados, pidiendo cuentas en público. Asiste cada semana en compañía de algunos de sus ministros a las diversas regiones para sostener allí "consejos regionales de seguridad" y "consejos comunales", destinados estos últimos a recoger quejas y peticiones de los habitantes, y se desplaza, con riesgos para su seguridad, a toda parte donde haya ocurrido un incidente grave; viaja también al extranjero para concitar la solidaridad de otros países. Ha impuesto a todos un estilo frenético. Para juzgarlo, una y otra vez se alude al "estilo antioqueño", que entendería el gobierno como la gerencia de una empresa. Pero se trata ante todo del estilo de alquien que teme que la situación pueda salirse de su control.

Tanta prisa no está exenta de inconvenientes. No siempre las consecuencias de las decisiones muestran que se trataba de medidas sopesadas: esto se ve respecto del referendo, pero podría ocurrir también con la idea de enmarcar la guerra interna en la "guerra contra el terrorismo" a escala mundial. Otro inconveniente de un estilo así es que crea en la gente la ilusión de que los problemas pueden encontrar una solución rápida. Un año después de haber asumido el cargo, Uribe Vélez dispone, sin embargo, de niveles de popularidad excepcionales: entre un 60 y un 70% de los colombianos apoya su gestión.

Las relaciones con la clase política

Durante los primeros meses de gobierno, la clase política ha cerrado filas casi unánimemente en torno al presidente. El consenso acerca de lo prioritario de reforzar las Fuerzas Armadas y restaurar la autoridad del Estado es casi total. Desarmado por el fracaso electoral de Serpa, el sector mayoritario del Partido Liberal se ha alineado con Uribe, que hizo campaña como disidente del Partido. Los samperistas y el propio Ernesto Samper salen a flote después de cuatro años de purgatorio, ubicándose tras la corriente del recién electo. Sus enemigos declarados, los antiguos gaviristas[1], convertidos en los mejores apoyos de Uribe, ahora aceptan sin dificultad esa compañía. El Partido Conservador, que en principio había de-

[1] Algunos de los más cercanos a Gaviria, como Rafael Pardo, antiguo ministro de Defensa, hacen parte del círculo más próximo a Uribe.

positado sus esperanzas en la candidatura de Nohemí Sanín, prácticamente adhirió a Uribe sin esperar la elección. De resto, Horacio Serpa aceptó la Embajada en la OEA; Nohemí Sanín, la Embajada en España. Pocas cosas simbolizan mejor el hecho de que Uribe ocupa, él solo, la escena política.

La oposición política institucional apenas se hace oír. Está reducida al Polo Democrático, coalición de izquierda que obtuvo el 7% de los votos en la última elección con la candidatura de Luis Eduardo Garzón, ex presidente de la CUT. Los principales líderes de la coalición (además de Garzón, son Antonio Navarro Wolf, salido de las filas del M-19 y quien fue copresidente de la Asamblea Constituyente de 1991; Angelino Garzón, antiguo sindicalista y ministro de Trabajo del gobierno de Pastrana, y Carlos Gaviria, quien fue presidente de la Corte Constitucional) están de acuerdo en criticar las orientaciones del gobierno de Uribe, al mismo tiempo que la de las guerrillas[2], pero es evidente que tienen dificultades para definir las condiciones en las que consideran que deberían reiniciarse las negociaciones y para hacerse oír más allá de la "sociedad civil organizada".

Álvaro Uribe tiene más que temer de sus propios amigos. En el seno de su gobierno le ha dado sitio a la derecha radical en la persona de su ministro del Interior, Fernando Londoño, cuestionado por operaciones dudosas con una filial de Ecopetrol y cuyas declaraciones intempestivas —un día contra las ONG, al día siguiente contra los jueces cuyas decisiones no le gustan, luego contra la actitud de Venezuela hacia las FARC— parece que se hicieran ex profeso para arruinar toda idea de una política reflexiva, pensada

[2] En cuanto al Partido Comunista, apoyó la candidatura de Luis Eduardo Garzón, pero a la vez mantiene su adhesión a la línea de "combinación de todas las formas de lucha". Carlos Gaviria fue elegido al Senado en una lista común con el Partido Comunista.

con cautela. Pese a diversas campañas contra ese ministro en el Congreso y en la prensa, permanece en el puesto, lo cual prueba que ocupa un lugar importante en la estrategia de firmeza del presidente.

Sin embargo, con el paso de los meses se dan ciertos signos de desgaste en las relaciones con la clase política.

Las tensiones habituales salen a la superficie. El Partido Liberal, mayoritario en el Congreso, muestra cada vez más un ánimo opositor. Durante su congreso partidista de junio de 2003 oscilaba entre el apoyo al presidente y la "oposición constructiva". La senadora Piedad Córdoba, vocera de la tendencia opositora, obtuvo la mayoría de los votos a la Dirección del Partido. Pero no hay que exagerar los efectos de esa tónica. Muchos comentaristas la atribuyen al hecho de que Uribe les ha negado a los congresistas la cuota de poder a la que han estado acostumbrados. Es probable que haya que atribuirlo a una resistencia frente a la concentración de las decisiones en manos del presidente.

Era de esperarse de parte del gobierno que hiciera reformas audaces en campos como el judicial, prioridad indiscutible que, sin embargo, se ha dejado de lado[3]. También se suponía que se irían a producir importantes cambios institucionales. Absorbido por las urgencias del momento, el gobierno parece más bien impotente para plantear orientaciones de largo plazo, aquellas que sean susceptibles de alimentar la confianza de los colombianos en el futuro.

[3] Hay una reforma de la Fiscalía, que adopta de modo más definido el sistema acusatorio, en vez del sistema investigativo, pero tiene un carácter un tanto improvisado y de efectos inciertos. El actual fiscal ha sido cuestionado por varias ONG por su negligencia en materia de derechos humanos. En el plan de desarrollo que se discute actualmente en el Congreso, el mejoramiento en la administración de justicia no figura para nada. El Consejo Superior de la Magistratura ha amenazado con demandar al Estado por el retardo de varios años en la ejecución del presupuesto de la justicia.

Desde las primeras horas de su posesión, Uribe anunció su intención de someter a referendo una amplia reforma política para reforzar la legimidad del conjunto de la acción gubernamental. Pero el Congreso no expresó mucho entusiasmo al respecto; en vez de esto ha elaborado, a pesar de la reiterada oposición del propio presidente, su propia reforma de alcance limitado.

El proyecto de referendo del presidente y el contraproyecto del Congreso

El contenido del proyecto de referendo del presidente ha ido variando, y las exigencias del momento van siendo más importantes que las pretensiones inciales. La versión final que se presentó del proyecto parece querer abarcarlo todo, lo cual ha suscitado reticencias en la propia bancada gubernamental. Cualquiera que sea la salida, el gobierno se arriesga a salir debilitado.

Para comenzar, el proyecto versaba sobre reformas del Congreso, de las asambleas departamentales y de los órganos de representación local. El primero, de bicameral se convertiría en unicameral, se suprimirían algunas de sus prerrogativas, y el actual se disolvería. Los elegidos locales perderían, así mismo, algunas de sus ventajas. De haberse mantenido, una reforma así habría tenido todas las oportunidades de encontrar apoyo popular. El descrédito de la clase política y las acusaciones de corrupción que pesan sobre ella es tal que encuentra pocos defensores. La experiencia muestra, no obstante, que no es fácil tocar a los elegidos. Andrés Pastrana lo intentó en el año 2000 con la esperanza de recuperar su popularidad, pero debió dar marcha atrás en su propósito ante la cerrada oposición de los partidos.

Por su parte, Uribe escogió la vía de hacer votar primero en el Congreso las disposiciones de la reforma. De ese modo, el alcance de las reformas se ha encogido como piel de zapa. Ya no se trata de reformar el Congreso, y el bicameralismo se mantiene intacto.

El número de congresistas se reduce en algo[4], se suprimen algunas de las instituciones locales[5] y medidas relativamente menores se introducirían para sanear la moral de los elegidos[6]; muchas de esas medidas podrían ser adoptadas con leyes ordinarias o incluso con cambios de reglamento interno del Congreso. Pero a la vez se le introdujeron artículos que arrojan dudas acerca de la intención de sanear las instituciones. Como el que prevé que los congresistas podrán hacer aprobar, en reuniones públicas con los electores, proyectos de inversión que por su intermedio se integrarían al presupuesto nacional. El clientelismo tiene toda la oportunidad de expandirse de nuevo. El mismo proyecto prevé la prolongación en un año del mandato de los gobernadores y alcaldes elegidos actualmente, medida que sólo parece destinada a convertirlos en partidarios y propagandistas del referendo.

La gravedad de la situación de las finanzas públicas condujo en un segundo momento a añadirle al texto que debe ser sometido a los electores diversas disposiciones que buscan sanearlas. La más espectacular es la que establece el congelamiento durante dos años de los salarios y pensiones del sector público. Otra disposición limita el monto de las pensiones en ese mismo sector[7]. Hay artículos que anuncian que los recursos que se liberen se dirigirán a la edu-

---

[4] El proyecto mantiene las "circunscripciones especiales" reservadas a los candidatos indígenas y a la posibilidad de darles representación a eventuales grupos armados que se desmovilicen.

[5] Las contralorías departamentales, cuyas funciones serían trasladadas al nivel central, y las personerías municipales cuyas funciones pasarían al procurador general y al defensor del Pueblo.

[6] Como la supresión de las suplencias, la inelegibilidad de los condenados por corrupción y la recusación del mandato por el mismo motivo, así como la no participación de los elegidos en la administración del Congreso.

[7] No podrán ser mayores de 25 salarios mínimos. El escándalo relacionado con el monto de las pensiones no involucró sólo a los congresistas o a los altos funcionarios y magistrados, también incluyó a los sindicalistas portuarios.

cación y a los servicios básicos. El referendo se transforma así en un instrumento al servicio de la política de austeridad.

Como si lo anterior no bastara, el gobierno añadió incluso una cláusula "moral": la prohibición de la dosis personal de droga[8]. De allí que no sea exagerado hablar de "cubretodo". El texto completo comprende 19 preguntas heteróclitas. Para que el Congreso ratifique los diversos puntos, el gobierno ha batallado, amenazando más de una vez con su disolución.

Por otro lado, la Corte Constitucional deberá pronunciarse y puede perfectamente rechazar algunas de las disposiciones por inconstitucionales. Por su parte, el procurador general de la nación dio ya un concepto negativo sobre la mayor parte de las cláusulas previstas. De manera excepcional e inédita, la Corte Constitucional organizó a comienzos de junio de 2003 una jornada de consulta pública, trasmitida por televisión, con expertos en derecho público y representantes de la sociedad... entre ellos el propio presidente. La incertidumbre continúa, sin embargo, respecto de la decisión que adoptará la Corte. Ella puede, así mismo, pronunciarse en contra del voto en bloque e imponer el voto por separado de cada artículo. De cualquier modo, aun en caso de que sea aceptado, no hay garantía de que reciba la mayoría requerida. La Constitución establece que para la adopción de un texto por referendo, no sólo debe haber una mayoría de votantes a favor, sino que al menos una cuarta parte de los electores inscritos han de participar en la votación: en este caso, unos seis millones. Se trata de una cifra alta, habida cuenta de la historia electoral colombiana, superior incluso al nú-

[8] El artículo en cuestión no deja de ser sorpredente: comienza con una condena de principios de las actividades ligadas a la droga y prosigue, a propósito de la dosis personal, afirmando que se hace acreedora no a una pena de prisión, sino a un trabajo de reeducación. Conviene preguntarse si vale la pena incluir cualquiera de estos puntos en un referendo.

mero de votantes por Uribe. Desde ya algunas personalidades influyentes anunciaron su voto en contra[9]; el Polo Democrático, los sindicatos y numerosas organizaciones de la sociedad civil se han pronunciado a favor de la abstención.

La suerte final del proyecto queda hasta ahora en entredicho. Y no puede excluirse la eventualidad de que el gobierno se vea obligado a renunciar a parte de sus disposiciones. Como si la confusión no bastara, el Congreso ha elaborado su propia reforma política, pese a las varias tentativas del gobierno para abortarla. Prevé obligar a los partidos a presentar listas únicas y obtener un mínimo de 2% de los votos para su reconocimiento, lo cual pondría fin a la "operación avispa" y a las microempresas electorales. Procura, asimismo, hacer más equitativa la distribución de las curules. Es posible que contribuya a devolver a los partidos políticos un grado mínimo de cohesión, pero las medidas no parecen suficientes para cambiar las costumbres políticas. Mantiene ciertos vicios, como el carácter político del Consejo Nacional Electoral, fuente de muchas críticas por sus efectos frecuentes sobre el desarrollo de los procesos electorales locales. Su adopción hace todavía más aleatoria la decisión de la Corte Constitucional sobre el referendo, pues los dos proyectos se superponen parcialmente.

Se trata, entonces, de la revancha del Congreso sobre un presidente que monopoliza la legitimidad política. El fracaso del proyecto de referendo sería un grave revés para Uribe y tendría un impacto incluso sobre el combate contra las guerrillas. Éstas, que no han cesado de denunciarlo como otra muestra del autoritarismo del presidente, podrían verse fortalecidas políticamente.

---

[9] Es el caso del ex ministro de Hacienda Juan Camilo Restrepo y del ex alcalde de Bogotá Jaime Castro, conocidos ambos por su independencia de criterio.

Una politica económica de austeridad y neoliberal

El gobierno de Uribe se encontró con una situación económica particularmente degradada: Colombia es el país latinoamericano donde el gasto público ha crecido más en el período de 1990 a 2001. Éste ha pasado del 20,4% del PIB al 37,7%. Entre tanto, los impuestos se han mantenido constantes, representando alrededor del 14% del PIB. El año 2002 el crecimiento del PIB fue inferior al 2%; para el año 2003 se calcula que dicho crecimiento estará entre el 2 y el 2,5% si se mantienen las previsiones actuales. Si el sector financiero superó la crisis de 1988-1989, el déficit fiscal no ha cesado de incrementarse, y tuvo una fuerte alza en el 2002. En conjunto, el déficit de las finanzas públicas llega al 4,1% del PIB.

Mientras que hasta ahora Colombia había hecho frente a su deuda externa sin mayores problemas, actualmente ha llegado a montos que hacen problemático tanto su reembolso como el pago de intereses: en el año 2002 creció en un 20% y se considera que el 40% del presupuesto irá en adelante al pago de la deuda. En el 2002 las exportaciones tuvieron una retroceso de 14% con relación al año anterior. La crisis venezolana se tradujo en una caída del 33,7% de las exportaciones hacia ese país, y no deja de hacer sentir sus efectos en el año 2003. La producción petrolera, que ya es inferior al nivel que tenía hace cinco años[10], puede seguir disminuyendo; si no se descubren nuevos yacimientos, Colombia dejará de ser un exportador en el 2008. La escalada del conflicto puede desestimular más aún las inversiones extranjeras y hacer menos atractivo el regreso de los capitales que se han fugado al extranjero[11]. Varios

---

[10] Cayó de 825.000 barriles a menos de 500.000 por día entre 1999 y 2002.

[11] Según el presidente de la Bolsa de Bogotá, casi 12.000 millones de dólares se han ido al extranjero (en declaraciones suyas a *El Tiempo* el 12 de marzo de 2003).

economistas consideran que la violencia implica un pérdida anual de un 2% de crecimiento para el PIB.

Los indicadores sociales son aún más inquietantes. Un estudio de la CEPAL publicado en el 2002 mostró que mejoraron de manera consistente entre 1978 y 1995, pero a partir de entonces han tenido un deterioro alarmante. En un estudio publicado a comienzos de abril de 2003, el PNUD subraya que el PIB per cápita ha retrocedido al nivel que tenía en 1994. Las inequidades globales se han disparado: un 20% de los hogares concentra el 52% del ingreso nacional. Las desigualdades entre las zonas rurales y urbanas y entre distintas categorías de asalariados se han incrementado también: más del 64% de la población está actualmente por debajo del nivel de pobreza, y un 24% por debajo del nivel de indigencia. El escándalo de la distribución de la tierra es más profundo que nunca: un 1,8% de los propietarios agrarios tiene el 53% de las tierras. Sólo una minoría tiene acceso a la seguridad social, y más de la mitad de la población sigue sin tener acceso al Sisben.

Al igual que sus predecesores, el gobierno de Uribe dispone de un margen de maniobra muy limitado. Las disposiciones constitucionales y las leyes son las que determinan, de manera rígida, la mayor parte del gasto; el sistema de transferencias que prevé la ley para garantizar la descentralización es un símbolo de dicha rigidez. Y la política de "buen vecino" respecto de Estados Unidos impide cualquier amago de desconocer las recomendaciones del FMI. En las condiciones así descritas sumariamente es donde hay que encontrar cómo financiar el incremento del gasto militar.

La adopción de un rígido programa de austeridad no es entonces una sorpresa. En un país en el que la desigualdad tributaria es profunda, así sólo sea en razón de los privilegios de los que disfrutan los terratenientes y de la evasión fiscal, era de esperar que los sacrificios en adelante se impusieran a los más pudientes. Pero no ha sido así. Sin duda hay un amplio acuerdo en considerar que el crecimiento desmesurado del sector público desde 1990 tiene una gran responsabilidad en el actual déficit, y que los recortes deben y pueden llevarse a cabo sin grandes perjuicios. La fusión de ministerios, la supresión de establecimientos públicos, el no reemplazo de quienes se vayan jubilando y aun el licenciamiento de personal en algunos casos, no bastan para restablecer el equilibrio. Por lo demás el gobierno se muestra decidido a disminuir el peso del sector público. En junio de 2003 el gobierno procedió a la liquidación de Telecom, la empresa estatal de telecomunicaciones, y anuncia, además, la reestructuración de Ecopetrol y del Seguro Social.

Una de las primeras reformas que lanzó el gobierno versó sobre las leyes de trabajo y afecta al conjunto de los asalariados, incluyendo a los menos favorecidos. La modificación del régimen de horas extras, la supresión de algunas primas y la disminución de las cesantías implican una caída del poder de compra que puede llegar al 30%. A lo anterior se añade el aumento de la edad de retiro[12] y el incremento de las cotizaciones. Dos decisiones más completan el cuadro: el IVA va a ser aplicado a los productos de primera necesidad, y el referendo prevé la congelación de los salarios para el sector público durante dos años. A principio de julio el gobierno anunció que tal congelación podría extenderse hasta por cuatro años.

Un programa de rigor que, por cierto, significó la aprobación del FMI, con el cual se firmó un primer acuerdo en el año 2002, comprometiéndose el Fondo a prestar a Colombia una ayuda excepcional en caso de que no pueda afrontar algunos de los gastos. Por su parte, el Banco Mundial acordó en enero de 2003 un empréstito de 3.300 millones de dólares destinados en parte a inversión

[12] La edad de retiro se llevará progresivamente hasta 55 años para las mujeres y 60 años para los hombres de aquí al 2013, y enseguida se prevé incrementarla en dos años más.

social en el campo de la educación y la salud. El gobierno espera crear 500.000 empleos en cuatro años gracias a las reformas[13].

Hubo que esperar el primer trimestre de 2003 para que la situación mejorara. El crecimiento registrado durante este período fue de 3,8% con relación al mismo período del año anterior (que en verdad fue excepcionalmente malo). Esto hace esperar que el crecimiento del año 2003 sea del 3%.

Sin embargo, el contraste sigue estando en el trato que se da a los privilegiados respecto del que se da la gran masa de la población, lo cual no deja de suscitar un malestar. Quienes deben tributar a título del impuesto extraordinario al patrimonio son los que se benefician de la disminución de las prestaciones sociales a los trabajadores. Sólo el clima de guerra explica que no haya mayores protestas de parte de los sectores afectados.

Una popularidad intacta

En febrero de 2003 la oleada terrorista, la degradación de la situación en diversos departamentos y la duda sobre el proyecto de referendo engendran una sensible desilusión en muchos sectores. Los sondeos de opinión siguen siendo favorables, pero han venido descendiendo.

No obstante, la popularidad del gobierno vuelve a subir durante los meses siguientes. Los colombianos le prestan menos atención a las medidas económicas que a la política gubernamental de firmeza frente a las guerrillas.

Es paradójico que aun los fracasos militares del gobierno estén produciendo bruscas alzas de la opinión a su favor. Así ocurrió con ocasión del dramático frascaso de la operación de comando

---

[13] Fue la justificación que ofreció el desaparecido Juan Luis Londoño a la reforma de las normas laborales en que se empeñó. Economista de prestigio, murió el 7 de febrero de 2003 en un accidente aéreo.

realizada el 4 de mayo del 2003 para liberar al gobernador de Antioquia, Guillermo Gaviria, y al ex ministro Echeverri Mejía, secuestrados hacía más de un año, así como a diez soldados, secuestrados hace varios años. Los guerrilleros de las FARC tuvieron tiempo de ejecutar a sangre fría a sus rehenes, y sólo dos soldados pudieron escapar[14]. Una tragedia que bien hubiera podido suscitar un cuestionamiento del Ejército y el presidente[15]. Al asumir en la televisión la total responsabilidad por el fracaso, Uribe por el contrario suscitó el apoyo de opinión impactada por la atrocidad de los guerrilleros. Sondeos posteriores mostraron que el hecho incrementó el apoyo al presidente. Sin duda, es signo de la radicalización de numerosos sectores colombianos el hecho de que los fracasos refuercen la demanda de firmeza.

[14] Las esposas de los rehenes y algunos comentaristas deploraron la realización del operativo, cuando existían contactos con el frente de las FARC que los tenía en su poder. Muchas personalidades políticas de primer plano multiplicaron la toma de posición a favor de un intercambio humanitario, que el propio drama ocurrido hace más difícil.

[15] La operación debía ser la prueba de la modernización de los métodos militares. En vez de eso, recordó la sangrienta acción del Palacio de Justicia en 1985 y los fracasos militares del período 1995-1998.

6

La política de “seguridad democrática”

Tan pronto se posesionó, Uribe declaró el estado de conmoción interior, que le permitió legislar por decreto (bajo el control de la Corte Constitucional). Válido en primera instancia por 90 días, fue renovado en dos ocasiones. En principio, recurrir al estado de conmoción no ha sido cuestionado como tal. Se trataba a todas luces de una decisión destinada a mostrar, simbólicamente, la voluntad de recuperar la autoridad del Estado. Pero en mayo de 2003 la Corte Constitucional rechazó una nueva prórroga. Entre tanto, bajo el nombre de “seguridad democrática”, el gobierno no ha ahorrado esfuerzos para seguir fortaleciendo a las Fuerzas Armadas y conseguir que la población coopere con ellas en las tareas antisubversivas. La convicción de Uribe es que no se puede enfrentar un conflicto como el colombiano sin la participación de la sociedad.

Los responsables civiles ya no dejan a los militares la autonomía a la cual estaban acostumbrados. El mismo presidente se hace responsable de los resultados operacionales de los militares y no vacila en regañarlos ocasionalmente. Su ministra de Defensa, Marta Lucía Ramírez, toma parte en todas las decisiones y ha impuesto una racionalizacion del gasto militar. No sorprende que en varias oportunidades se hayan presentado roces con los generales[1].

Las medidas de fortalecimiento militar

La modernización de las Fuerzas Armadas se acomete desde hace tres años, y se ha intensificado a medida que ingresan los recursos del Plan Colombia. Uribe, desde luego, se propone seguir en esa dirección. Su propósito, sin embargo, es hacerlo en el marco de una política global de seguridad nacional que implique la coordinación de las distintas agencias del Estado y sobre todo la vinculación de la población a la realización de sus objetivos.

El incremento del presupuesto militar es un paso previo en dicha dirección. Por considerable que haya sido en los años anteriores, lo cierto es que sigue siendo insuficiente para las necesidades. El propio Estados Unidos sostiene abiertamente que el esfuerzo bélico asumido por parte de Colombia hasta ahora no está a la altura de los desafíos que debe afrontar y cuestiona a ese respecto la actitud de las élites.

La situación de las finanzas públicas, así como las presiones constantes del FMI, no hacen fácil el incremento deseado. Aun así, desde el comienzo el gobierno instauró por decreto un impuesto extraordinario de un 1,2% sobre el patrimonio para hacer frente a lo urgente. De modo que los sectores más pudientes (se calculan

---

[1] De personalidad enérgica, la ministra ha actuado aun a còsta de suspender prerrogativas de las distintas armas, y los eventuales beneficios que de ahí se derivaban. Los generales le reprochan, además, que se inmiscuya en la conducción de las operaciones militares. El malestar se hizo público cuando el comandante de la Fuerza Aérea cuestionó la aceptación por la ministra de una donación española de aviones Mirage anticuados, según él, pues el mantenimiento es muy costoso y de dudosa eficacia en la lucha antiguerrillera. La polémica duró varios días en las primeras páginas de los periódicos y noticieros, y Uribe mantuvo en esa ocasión una actitud vacilante.

unos 250.000 contribuyentes) han sido forzados a hacer un aporte especial, aunque resulta moderado. Sin embargo, es un recaudo excepcional y nada indica que será renovado. Además, una parte de los recursos obtenidos se desvió de su destinación específica y se empleó aparentemente para llenar faltantes del presupuesto ordinario[2]. Para el presupuesto del año 2004 se ha considerado llevar el gasto militar a un nivel del 5,2%, más del doble del de 1990.

Se ha intentado aumentar el número de efectivos de la Fuerza Pública. Para fines de 2003 se espera llegar a contar con 35.000 nuevos soldados (todos ellos profesionales, lo cual representa un aumento del 20%) y 16.400 nuevos policías. A ellos se añade el reclutamiento progresivo de 20.000 "soldados campesinos" que están a cargo de una especie de protección territorial en sus veredas. Tras una rápida formación militar, comenzaron sus labores los primeros días de marzo. Con ellos, el total de efectivos alcanza los 280.000, de los cuales un 30% está asignado a labores de índole administrativa.

El gobierno espera crear así dos nuevas brigadas móviles por año. Se quiere que la modernización incluya también la conformación de nuevas unidades especiales: 2 batallones de alta montaña, 7 batallones asignados a zonas de rehabilitación, 12 unidades urbanas antiterroristas y otras 12 contra el secuestro.

Bien sean financiados por el presupuesto colombiano o por el Plan Colombia, los materiales y equipo que dispone el Ejército han mejorado. A comienzos de 2003, el Ejército contaba con 80 helicópteros (60 de ellos Huey y 20 Black Hawk). Lo que muestra un progreso constante, como hemos dicho, son los medios de observación aérea, sobre todo desde el momento en que Estados Unidos

---

[2] Según un informe del contralor en febrero de 2003. Tal parece que se empleó para gastos de funcionamiento militar, no para la compra de equipo, como estaba previsto.

decidió transmitir información de inteligencia a los militares colombianos.

Aun así, las limitaciones son todavía patentes. Los especialistas consideran que el presupuesto actual no le permite al Ejército sino diseñar una o a lo sumo dos operaciones de gran envergadura por año. Con relación al territorio por cubrir, la dotación de helicópteros sigue siendo insuficiente[3]. Al depender de varias entidades, los servicios de inteligencia no actúan de modo coordinado. Limitadas por la jurisdicción asignada, las distintas divisiones y brigadas no siempre tienen el desempeño deseable[4].

Es evidente que las Fuerzas Armadas están lejos de poder controlar el territorio nacional. Por lo visto, el gobierno ha asignado prioridades, defensivas unas, ofensivas otras. Entre las primeras figuran la protección de las infraestructuras esenciales de la economía (oleoductos, polos de producción eléctrica, comunicaciones, minas de carbón). La recuperación de los principales ejes viales que venían sufriendo "pescas milagrosas" es una de las prioridades, y por ello en las pasadas vacaciones navideñas se resaltó el hecho de que muchos colombianos volvieron a las carreteras. Pero esto sólo ha sido posible mediante el despliegue de un número considerable de efectivos militares, tras lo cual la guerrilla ha hecho presencia, incluso en la vital carretera Medellín-Bogotá[5]. Entre las

---

[3] El número de pilotos resulta insuficiente. A comienzos de 2003 se descubrió que muchos de los pilotos de Black Hawk, cuya formación por asesores estadounidenses requiere cuatro años, prefirieron trabajar para las compañias privadas a cargo de la fumigación.

[4] La ministra de la Defensa, Marta Lucía Ramírez, ha intentado resolver esos problemas y racionalizar la gestión y las inversiones. Las tensiones y roces con los generales han sido frecuentes.

[5] Da la impresión de que la guerrilla dejó deliberadamente al gobierno celebrar el éxito de opinión y ceder a la euforia, antes de atacar de nuevo, para así minar la confianza en la política gubernamental.

misiones ofensivas figura la voluntad de capturar a líderes de la guerrilla y la reconquista de algunas zonas clave.

Dos de estas zonas[6] han sido definidas, gracias al estado de emergencia, como "zonas de rehabilitación y normalización": una parte de Arauca y una parte de la región de los Montes de María, en los límites entre Sucre y Bolívar. Las dos zonas han tenido niveles de violencia especialmente fuertes; la primera de ellas ha vivido una verdadera guerra y constituye una apuesta estratégica mayor, en tanto que la segunda parece haberse seleccionado porque retomarla parecía más fácil. En los dos casos al comandante militar se le han asignado, así mismo, poderes civiles; los movimientos de la población civil han estado sujetos a control, y las viviendas pueden ser allanadas sin orden judicial previa. Disposiciones que aunque fuertemente criticadas por las organizaciones de derechos humanos, no por ello han aminorado los enfrentamientos, sino todo lo contrario. El gobierno considera la creación de nuevas zonas de rehabilitación, pero la decisión de la Corte Constitucional contra la prórroga del estado de conmoción interior obliga en definitiva a buscar otra fórmula.

El gobierno se ha comprometido a restablecer la presencia de la Fuerza Pública o simplemente a establecerla en los 140 municipios que carecían de ella. Se pueden abrigar algunas dudas acerca del éxito de este propósito allí donde la guerrilla está más decidida que nunca a expulsar a las autoridades civiles y tiene la fuerza para ello. Si se trata de "soldados campesinos", éstos podrían convertirse en blanco fácil[7].

Los atentados terroristas de los últimos meses bien podrían incitar al gobierno a adoptar medidas más drásticas. Se quiso, por

---

[6] Da la impresión de que en un principio se querían crear más, pero con vistas a obtener resultados rápidos se circunscribió a estas dos.

[7] En efecto, el ELN los ha declarado "objetivo militar" y las FARC han hecho lo mismo.

ejemplo, atribuir a las Fuerzas Armadas facultades de policía judicial. Rechazada la intención por la Corte Constitucional, la iniciativa ha sido introducida de nuevo en el proyecto de estatuto antiterrorista actualmente en discusión.

La "seguridad democrática"

Tal como está concebida, la política de seguridad democrática no se ciñe al reforzamiento de las Fuerzas Militares. Apela a la acción coordinada de las diversas administraciones locales. Semejante pretensión, que implica modificar las costumbres burocráticas y políticas, no puede dar resultados de un día para otro ni ser creíble a menos que se vea acompañada de inversiones económicas y sociales. Aun en una zona piloto como la de Sucre y Bolívar, lo menos que puede decirse es que los habitantes tienen razón para ser escépticos.

La estrategia antisubversiva descansa en la participación de la población civil en el esfuerzo militar. Durante su campaña, Uribe Vélez había anunciado la organización de "un millón de cooperantes" y de redes de "informantes", lo que produjo preocupación en las asociaciones de derechos humanos[8]. Tan pronto asumió sus funciones, Uribe confirmó el carácter prioritario de esos dos programas, a los que agregó el de "soldados campesinos".

Hay, sin embargo, poca información precisa acerca de las organizaciones que se han creado, tanto acerca de su número como de su localización. El perfil de estas organizaciones de "cooperantes" se asemeja al de las Convivir. Como su propio nombre lo indica, a primera vista están encargadas ante todo de labores de inteligencia. Deberían asegurar, junto con el Ejército, la vigilancia de los

[8] Mary Robinson, la representante de las Naciones Unidas para los Derechos Humanos, fue una de las numerosas personalidades que expresó por escrito su preocupación.

ejes viales y demás lugares estratégicos. Se han prometido recompensas a quienes proporcionen información, y para estimular a la población a que lo haga, en la televisión se ha mostrado en varias ocasiones a responsables civiles y militares entregando fajos de billetes a individuos enmascarados[9].

El objetivo del gobierno obedece a la convicción de que una guerra irregular no podrá ganarse sin que se rompan el miedo y la ley de silencio impuestos por los actores ilegales.

No se trata en todo caso de erigir una nueva modalidad de grupos paramilitares ni de proceder a la formación de "patrullas de autodefensa civil", como en Guatemala; el gobierno pretende situarse de todas maneras en el horizonte del Estado de derecho, y ha tomado sus decisiones a la vista de la comunidad internacional. Hay que sorprenderse, sin embargo, de que ninguna instancia civil, sea de naturaleza judicial o no, haya sido designada para supervisar el funcionamiento de esta clase de redes de civiles. Son los militares quienes controlan su reclutamiento.

En un contexto como el colombiano, la "movilización" de los civiles no está exenta de riesgos. Los paramilitares bien podrían infiltrar tales redes[10]. De hecho y en el marco de las negociaciones que se han emprendido ya con los diversos grupos paramilitares, en algún momento llegó a pensarse en integrarlos a dichas redes[11]. Ahora bien, es de temer que la delación como sistema estimule la arbitrariedad, y que el deseo de "vigilar y castigar" afecte los espacios de expresión crítica.

---

[9] En una ocasión, en septiembre de 2002, se mostraron imágenes del propio presidente entregando una de tales recompensas. Sus propios asesores reonocieron que había sido un "error de comunicación".

[10] Al igual que los militares podrían temer la infiltración de guerrilleros en el contingente de "soldados coampesinos" .

[11] El defensor del Pueblo ha advertido contra la eventualidad de una integración como ésa, que no ha sido reconocida oficialmente.

En las zonas donde el conflicto se agrava, dicha política es susceptible de atenuar más aún la distinción entre combatientes y civiles. Por lo pronto, las guerrillas no han dejado de anunciar la persecución a los "cooperantes".

Reconstruir la solidaridad, o lo que se ha dado en denominar "el tejido social", es sin duda imperativo para atenuar el impacto del conflicto armado. Pero por ello mismo no es una labor que deba ser dejada a la responsabilidad de los militares, e implica que se encuentren los medios para dar de nuevo a la gente un sentido de la autonomía de sus derechos, lo cual no puede hacerse sino a través de su participación en programas productivos y sociales.

La reorientacion del Plan Colombia

El Plan Colombia representó un aporte de 645 millones de dólares en 2001, y de 904 millones en 2002, pero destinados en principio a combatir los cultivos de coca y amapola. A comienzos de 2003, se ha indicado que Estados Unidos aprobó una nueva ayuda de 463 millones de dólares, seguida de una adición de 110 millones, a modo de retribución a Colombia por su apoyo en la guerra de Iraq. Aun así, como lo veremos, a mediados del año 2003 el gobierno y el Congreso de Estados Unidos decidieron suspender o postergar la utilizacion de estos créditos.

A pesar de todo, lo más importante es la reorientación del Plan Colombia. En julio de 2002, el Congreso estadounidense comenzó a discutir la posibilidad de utilizar los fondos del Plan Colombia para la lucha contra la guerrilla, siguiendo las orientaciones de George W. Bush; y el 9 de septiembre de ese mismo año el propio Departamento de Estado confirmó esa reorientación. El nuevo financiamento debe permitir dotar de nuevos efectivos y de medios de transporte aéreo a las Fuerzas de Despliegue Rápido. El intercambio de información de inteligencia entre los dos países está garantizado.

A comienzos de 2002, Estados Unidos dio un paso más: anunció que participaría en la protección del oleoducto Caño Limón-Coveñas. Una ayuda especial de 80 millones de dólares se adoptó con este propósito, la cual debería permitir entrenar y equipar a una brigada especial y enviar al terreno instructores estadounidenses. Al inicio de 2003, dicho programa entró en su fase de ejecución. Estados Unidos se compromete, entonces, en la lucha antiguerrillera.

Pero para Estados Unidos es claro que todavía no está interviniendo de una manera directa. El Congreso votó una resolución que limita a 400 el número de militares estadounidenses que pueden estar presentes en suelo colombiano, cifra que no incluye a quienes están al servicio de compañías privadas de fumigación de la droga. El envío de un contingente de "instructores" al mencionado tramo del oleoducto representa, sin embargo, un riesgo considerable que también está presente en la participación de militares estadounidenses en misiones de inteligencia electrónica sobre zonas de combate. La "caída" de un Cessna el 13 de febrero de 2003 en una zona dominada por las FARC es un ejemplo de ello; transportaba cuatro militares estadounidenses, de los cuales uno parece haber muerto en el sitio, en tanto que los otros tres fueron capturados. El 25 de marzo, otro Cessna en misión de búsqueda de los tres secuestrados se estrelló, y otros tres militares de Estados Unidos murieron en el accidente. La guerra de Iraq ha atenuado el impacto de estos acontecimientos; en épocas normales hubieran provocado un intenso debate en Estados Unidos. En todo caso, tales incidentes son la prueba de que los estadounidenses podrían resultar más involucrados de lo que quisieran.

La política de seguridad y la incorporación de Colombia a la "guerra contra el terrorismo"

Durante su campaña electoral, Álvaro Uribe hizo varias referencias al papel que la ONU debería tener en la búsqueda de una solución política al conflicto. Al día siguiente de su triunfo, mencionó de nuevo la posibilidad de retomar las negociaciones bajo la égida de la ONU. Se refirió también a la posibilidad de dar a las unidades militares colombianas el estatus de "cascos azules" bajo el mandato de la ONU, y tras criticar la intervención de James Lemoyne, representante personal del secretario general de la ONU en el proceso de paz, lo estimulaba, sin embargo, a proseguir su misión. Con todo, es la propia situación la que no facilita los buenos oficios. Y por la necesidad de aumentar el esfuerzo de guerra, el llamado a la ONU parecía ceder su lugar al llamado a Estados Unidos.

Obtener el apoyo incondicional de Estados Unidos incorporando a Colombia a la "guerra internacional contra el terrorismo" ha sido un componente fundamental de la política de seguridad del gobierno de Uribe.

Pese al Plan Colombia, algunos sectores dirigentes estadounidenses continúan expresando reservas acerca de la evolución del régimen colombiano. La situación de los derechos humanos[12], la tolerancia hacia los paramilitares[13], la corrupción de la clase política y la ausencia de reformas sociales son algunos de los cuestionamientos que surgen de vez en cuando. Y los hay también respecto

---

[12] La presión se manifestó nuevamente en enero de 2003, cuando Estados Unidos denunció la negligencia de la justicia militar para sancionar a los pilotos responsables de haber arrojado una bomba sobre civiles en 1998, y decidieron en consecuencia aplicar un embargo sobre la base de Palanquero, que alberga el 20% del potencial de la Fuerza Aérea Colombiana.

[13] Volveremos más adelante sobre la condena de Estados Unidos a algunos de estos hechos, y el cuestionamiento a ciertas unidades militares.

de las deficiencias del esfuerzo colombiano en el propio ámbito de la seguridad[14]. Varios congresistas estadounidenses, sobre todo demócratas, formularon dudas acerca de la justificación de la ayuda a Colombia.

El gobierno de Uribe no puede responder fácilmente a tales recriminaciones, pero al adoptar medidas que coinciden con los objetivos principales de George W. Bush, procede de tal manera que Estados Unidos no tenga, a pesar de todo, otra opción que la de reforzar su ayuda militar.

Esto se traduce, en primer lugar, en el acento espectacular que ha adquirido la "guerra contra la droga". El gobierno ha dado su aval a una campaña de fumigación sin precedentes por su intensidad, y proclama su intención de erradicar los cultivos ilícitos antes de finalizar el mandato presidencial. También se ha procedido a numerosas extradiciones de narcotraficantes.

Algo análogo puede decirse en lo que concierne a la "guerra contra el terrorismo". El viraje introducido por el gobierno de Pastrana como consecuencia del 11 de septiembre se acentuó y se ha hecho todo lo posible para demostrar la acción de las guerrillas relacionada con el "terrorismo internacional", sobre todo por los vínculos con el IRA y la ETA[15]. Álvaro Uribe no ha vacilado en proclamar que el peligro de desestabilización de los países andinos no es inferior al de Iraq. Tras una reunión de jefes de Estado andinos en Quito el 13 de enero de 2003, llamó a una movilización

---

[14] El impuesto sobre el patrimonio que se decretó en el año 2002 constituye una respuesta a tal cuestionamiento. En Estados Unidos se menciona con frecuencia el hecho de que los hijos de las clases pudientes eluden el servicio militar y que en el Ejército se continúa ofreciendo un trato diferencial a los soldados salidos de las clases populares respecto de los "soldados bachilleres", que no pueden ser enviados a zonas de combate. El gobierno estudia una reforma que elimine tales diferencias.

[15] Véase más adelante a propósito de la escalada terrorista.

comparable a la que se formó contra Saddam Hussein, y que permitiría "el control de los mares y espacios aéreos internacionales, para cerrar todas las rutas a las organizaciones delincuenciales".

Se procura así inducir el reconocimiento de que Colombia es un eslabón esencial en esta nueva guerra. De ese modo, Colombia no es ya un país que solicita ayuda en función de sus propios intereses sino como protagonista de la guerra mundial antiterrorista, y Estados Unidos se vería inducido a comprometerse cada vez más en el conflicto.

Para ello Colombia está dispuesta a dar todos los signos de convergencia con Estados Unidos. Con ocasión de los debates entre los países andinos a propósito del ALCA, Colombia renunció rápidamente a pedir medidas de protección para la agricultura y parece decidida a renunciar a una posición andina común para vincularse más bien a un acuerdo comercial bilateral. Esto se vio también en momentos en que Colombia ejercía la Presidencia del Consejo de Seguridad, al optar por entregar al respresentante de Estados Unidos el informe enviado por Saddam Hussein, lo que produjo mucho revuelo, aunque no fue nada en comparación con el que produjo pocas semanas después el apoyo incondicional del gobierno de Uribe a la intervención estadounidense en Iraq. El 2 de marzo declaraba: "Al igual que pedimos que se nos apoye en la lucha contra el terrorismo, no abandonamos a nuestros aliados en esa lucha". El 20 de marzo afirmaba: "Al participar en la coalición internacional antiterrorista, Colombia refuerza su posición para adquirir aliados que nos ayuden a vencer el terrorismo colombiano". En retribución, un responsable del Departamento de Estado subrayaba entonces que los casos de Iraq y Colombia se enmarcaban en el mismo tipo de guerra[16]. Si la mayor parte de líderes de opinión juzgaban indispensable la ayuda

16 Precisó, sin embargo, que Colombia no estaba en condiciones de enviar un contingente a Iraq, pues ya tenía suficiente con su propio conflicto.

por parte de Estados Unidos, muchos de ellos deploraron una toma de posición que rompía con la actitud colombiana de tradicional respecto de la ONU —y en momentos en que Uribe no había cesado de apelar a su mediación—, lo cual contrastó con la posición adoptada por los países grandes del subcontinente[17].

Nunca antes la diplomacia colombiana ha quedado de tal modo supeditada al propósito del restablecimiento del orden interno. La incorporación de Colombia al esquema de la lucha antiterrorista y la deliberada internacionalización del conflicto transcurren con inconvenientes. El gobierno colombiano se arriesga perder parte de su margen de maniobra y ofender los sentimientos nacionalistas de amplios sectores de la opinión[18].

Las complejas relaciones con los vecinos

A imagen y semejanza de George W. Bush, Álvaro Uribe ha buscado obligar a todos los países vecinos a tomar partido en el conflicto colombiano.

Como recordamos, todos los países limítrofes han mostrado su inquietud por la adopción del Plan Colombia sin preocuparse, no obstante, por encontrar una posición común frente a él o una iniciativa común frente al conflicto colombiano. Así mismo, cada uno ha actuado por su cuenta respecto de la posición de Uribe o de Estados Unidos frente a las FARC.

Después del atentado del 7 de febrero contra el Club El Nogal, Uribe se dirigió a la OEA y al Consejo de Seguridad de la ONU

---

[17] Colombia se halló por momentos en un grado de aislamiento similar al que conoció en tiempos del gobierno de Turbay Ayala y la guerra de las Malvinas.

[18] Según sondeos de opinión llevados a cabo en el año 2002, un alto porcentaje de colombianos ve con buenos ojos el incremento de la ayuda militar estadounidense, incluso su "intervención" militar. Pero no hay que subestimar la sensibilidad nacionalista que afloró por ejemplo con ocasión del "problema Samper", en que prácticamente la opinión colombiana se dividió en dos campos.

para que condenaran el acto terrorista. Ambas instancias condenaron el atentado, pero se cuidaron de no hacer una referencia expresa a las FARC como sus autoras, como hubiera querido el gobierno colombiano.

Pero es sobre todo hacia los países andinos y hacia Brasil adonde se ha dirigido para que se solidaricen con Colombia y adopten en concertación con ella disposiciones en contra de la guerrilla, así como la vigilancia en las fronteras. El éxito ha sido limitado.

El 12 de marzo, Colombia organizó una reunión con los ministros de Defensa de los países vecinos con el objeto de adoptar una posición común en cuestiones de seguridad y sentar las bases de una política multilateral en ese campo. Además de que varios gobiernos se limitaron a enviar a delegados subordinados[19], los participantes se opusieron a referirse de una manera directa a las FARC, y la reunión desembocó finalmente en declaraciones retóricas acerca de la conformación de un grupo de seguimiento del fenómeno del terrorismo.

La actitud de Brasil es esencial, pues, todavía menos que su antecesor Cardoso, Lula no parece interesado en solidarizarse con su homólogo colombiano. Por lo demás, Brasil se ha negado a incluir a las FARC en la categoría de organizaciones terroristas, argumentando que de esa manera se reserva la posibilidad de actuar más adelante como un "facilitador". El 6 de marzo, Uribe sostuvo un encuentro con Lula en Brasilia, y no obtuvo más que la promesa de mayor coordinación de las medidas de seguridad en la región amazónica.

No menos importante es la posición de Venezuela. Las relaciones entre los dos países han estado muy tensas, y las exportaciones colombianas han padecido por la crisis del país vecino. Pero los

---

[19] Los ministros de Defensa de Brasil, Venezuela y Bolivia estuvieron ausentes. Estados Unidos se hizo presente en calidad de observador.

desacuerdos son ante todo políticos. Chávez sospecha que los dirigentes colombianos simpatizan con sus opositores. Por su parte, el gobierno colombiano sospecha que las autoridades venezolanas son tolerantes con las FARC en nombre de una comunidad "bolivariana". En los últimos años han sido varias las pruebas de contactos con la guerrilla sin el consentimiento del gobierno colombiano. El tráfico de armas proveniente de Venezuela ha dado lugar a reclamos. Recientemente, un punto álgido es la cuestión de si en la zona fronteriza existen campos de refugio y entrenamiento que tendrían las FARC, el ELN e incluso los paramilitares en territorio venezolano. A las divergencias ideológicas se añade, entonces, un problema muy explosivo, susceptible de engendrar tensiones constantes[20].

Colombia parece estar destinada a enfrentar durante mucho tiempo las oscilaciones de sus vecinos, que no ocultan su intención de precaverse del riesgo de contagio de la "colombianización" en sus respectivos territorios, y a su vez de llevar a cabo su propia política frente a Estados Unidos.

Con todo, en mayo de 2003 el gobierno obtuvo un éxito importante en la reunión del Grupo de Río en Cuzco, donde se adoptó una resolución para que el secretario de la ONU se dirigiera a las FARC para convocarlas a un alto al fuego; la resolución incluso indica que en caso de que las FARC no se acojan al cese al fuego "convendría, en coordinación con el gobierno colombiano, encontrar otras alternativas de solución" de naturaleza no precisada, pero que dan cuenta de la radicalización del Grupo[21].

---

[20] Fernando Londoño, el ministro del Interior, no vaciló en lanzar diatribas contra los dirigentes del país vecino, y algunos respondieron en un tono similar. El propio Hugo Chávez ha afirmado más de una vez que Colombia está manejada por una oligarquía que después de matar a Gaitán es indiferente a la suerte de su pueblo.

[21] En réplica, las FARC pidieron ser oídas por el grupo. Solicitud que no fue acogida.

7

La estrategia de las FARC y del ELN frente a la política de Uribe

La nueva situación de las FARC

La ruptura del proceso de paz y el inicio del plan de "seguridad democrática" privaron a las FARC de las ventajas que habían detentado durante tres años y medio.

Para comenzar, perdieron los beneficios que les aseguraba la zona desmilitarizada del Caguán, la cual les había permitido a su Secretariado y a las unidades encargadas de la seguridad estar al abrigo de cualquier amenaza directa. Su supresión las obligó a retornar a la vida clandestina, con mayor precaución, pues el gobierno no oculta su deseo de capturar a los dirigentes de la guerrilla y cuenta ahora con medios de observación y seguimiento perfeccionados. Hay rumores según los cuales Marulanda se habría instalado en los confines de Caquetá y Putumayo, región que desde hace tiempo está bajo el dominio de las FARC[1]. No es un inconveniente

---

[1] Una declaración del presidente Uribe a comienzos de marzo a propósito del refugio que encuentran los guerrilleros al otro lado de las frontera, estimuló

menor que las comunicaciones con los diversos frentes se hayan hecho más difíciles. Pero la zona desmilitarizada había proporcionado a las FARC otras ventajas: podían llevar a cabo el entrenamiento de nuevos reclutas, familiarizarse con nuevas técnicas de manejo de explosivos y ocultar a sus rehenes.

Aun así la zona desmilitarizada tenía también sus inconvenientes: cerca de 2.000 de sus combatientes fueron inmovilizados al asignárseles labores de protección del Secretariado y a la vigilancia de los accesos de la zona. Aunque era una base para el repliegue, podía ser utilizada también para el lanzamiento de operaciones, pero varias de éstas fracasaron, pues para las Fuerzas Armadas era más sencillo detectar los movimientos a la salida del Caguán. La moral de los guerrilleros dentro de la zona se resentía por la relativa inactividad: la disciplina del conjunto de la organización allí era menor en comparación con los frentes comprometidos en combates continuos, y solía subrayarse el contraste entre estos últimos y las condiciones de vida que disfrutaban los negociadores de la guerrilla dentro de la zona.

El fin del proceso de paz significó, por lo demás, el cierre del espacio político con el que contaron las FARC durante esos tres años y medio. Pese a lo estéril de las conversaciones, una parte de la opinión nacional y de varios países extranjeros no dejaba de estar atenta a las tomas de posición de los líderes de las FARC y a sus demandas de transformaciones sociales. Esa tribuna ya no existe. La inmensa mayoría de los colombianos imputan a las FARC el fracaso del proceso y se identifican con la política de firmeza de Álvaro Uribe. Como nunca antes, la guerrilla se ha visto privada de apoyos políticos apreciables, y nunca había sido tan estridente el contraste entre su capacidad militar y su audiencia.

---

dichos rumores; también los hay sobre la presencia de Marulanda en territorio venezolano, lo cual parece poco verosímil.

Sin embargo, tales dificultades no parecen inquietar a la dirigencia de las FARC, que está comprometida en una guerra de larga duración. Tan pronto se dio por terminado el más reciente proceso de paz, las FARC hicieron saber que para retomar las conversaciones exigirían la desmilitarización de los departamentos de Caquetá y Putumayo, lo cual equivale a unos 100.000 kilómetros cuadrados. El inicio en firme del Plan Colombia y la determinación que ha mostrado hasta ahora Álvaro Uribe han cambiado, sin duda, las modalidades del enfrentamiento, pero las FARC consideran que pueden hacerle frente, recurriendo a la intimidación, a los sabotajes y al terrorismo. Saben por experiencia que el desgaste de los gobiernos se produce a mayor velocidad en la medida en que no hay resultados rápidos, y la opinión podrá fluctuar del sueño de una solución militar a la idea de una solución negociada.

LAS RESPUESTAS INMEDIATAS A LA RUPTURA DE LAS CONVERSACIONES

Desde antes de la posesión de Álvaro Uribe, las FARC demostraron que podían responder a la ruptura del proceso de paz llevando a cabo sabotajes a gran escala y entrabando el funcionamiento de los poderes locales. Una vez instalado el nuevo presidente, parecieron dar un compás de espera, período en el que no lanzaron grandes operaciones militares, pero en el que, además de la prosecución de sabotajes, han efectuado acciones propiamente terroristas y han buscado infligir reveses al gobierno en escenarios de guerra decisivos:

a) Los sabotajes: en los seis meses que siguieron a la ruptura, los sabotajes se multiplicaron de forma nunca antes vista. Se afectaron puentes (han destruido 17 y afectado 62), torres eléctricas (destruyeron 354), redes de transmisión (44 han sido dañadas) y algunas carreteras. Capitales departamentales como Villavicencio y Arauca han sido privadas de electricidad durante varios días, y por primera vez algunos acueductos han sido afectados. No obstante, por considerables que sean los daños, no significan una ofensiva global; lo cierto es que las FARC podrían provocar destrucciones mucho mayores. Tal parece que los atentados obran más bien como advertencias. Una pequeña carga de explosivo puesta contra el muro de contención de la represa de Chingaza, la principal reserva de agua de Bogotá, así lo sugiere. Una carga mayor habría destruido el muro y, según cálculos, ocasionado decenas de miles de muertos. Se trata entonces de mostrar la capacidad de la guerrilla, sin llegar a extremos.

b) La expulsión de los elegidos: la repuesta ha sido más política, pues las FARC emprendieron una campaña sistemática de amenazas contra la dirigencia política local. Han inducido a alcaldes y concejales a presentar su renuncia, so pena de ser asesinados. Y las amenazas van en serio. A lo largo de 2002, 12 alcaldes y 60 concejales fueron asesinados; 399 alcaldes pidieron ser relevados de sus cargos, otros 300 (es decir, el 27%) se vieron obligados a refugiarse en un lugar seguro (guarniciones militares y grandes ciudades) y ejercer su mandato a distancia; unos 6.000 concejales, fueron objeto de amenazas, de los cuales al menos 1.800 han renunciado a sus cargos (el número total de concejales es 12.000). Los departamentos más afectados son Caquetá (donde la totalidad de los elegidos se ha visto en esa situación) y Nariño (46 concejales han buscado refugio en Pasto). En lo que concierne a los concejales, los departamentos más afectados han sido, en su orden, Nariño, Caquetá, Putumayo, Huila, Antioquia, Arauca, Norte de Santander, Cundinamarca, Tolima, Cauca, Meta y Guaviare. A finales de marzo de 2003 en Norte de Santander, las FARC enviaron un ultimátum de tres días a la totalidad de alcaldes y concejales. Amenazas que no excluyeron a los más progresistas, entre ellos a los pocos sobrevivientes de la UP y que han llegado a afectar también a alcaldes de las grandes ciudades, entre ellos a Antanas Mockus, el popular alcalde de Bogotá.

¿Hay que interpretar dichas medidas como producto de la voluntad de constituir progresivamente "territorios liberados" como lo hizo la guerrilla salvadoreña? De hecho, las amenazas se han ejercido sobre territorios donde las FARC tienen un gran dominio, como Caquetá o Putumayo, y en aquellos que son metas estratégicas suyas a corto plazo, como Nariño, Guaviare y el oriente de Antioquia. Aun así las FARC no han buscado nunca asegurar territorios liberados propiamente dichos, pues dificultaría su movilidad y las obligaría a ganarse el apoyo de los habitantes.

Con frecuencia las FARC justifican su estrategia refiriéndose a la corrupción de los elegidos y de la clase política en general. Lo claro es que los elegidos que rechazan con más fuerza la corrupción a menudo son los primeros en ser amenazados, y que allí donde las FARC ejercen el poder local se presentan también desviaciones de los fondos públicos. Su objetivo es más bien paralizar el funcionamiento de las instituciones locales acentuando de ese modo la impotencia del Estado y ampliar sus zonas de influencia sin llevar a cabo acciones propiamente militares.

c) El secuestro de personalidades políticas: los más notables han sido los de Íngrid Betancourt y Clara Rojas, que adelantaban su campaña como candidatas a la Presidencia y Vicepresidencia de la República; el de los 17 diputados de la Asamblea del Valle, capturados en la propia sede de la Asamblea en el centro de Cali, y el del gobernador de Antioquia, Guillermo Gaviria, y el ex ministro de defensa Gilberto Echeverri, durante una marcha contra la violencia. Hay que agregar el secuestro, en distintos hechos, de cinco miembros del Congreso.

Estos secuestros han tenido poco que ver con las amenazas a los alcaldes; obedecen más bien a un objetivo enunciado desde hace tiempo: obligar al gobierno a un intercambio entre tales "prisioneros" y los guerrilleros capturados y a suavizar su línea de firmeza.

Poco les importa su imagen internacional, se han acostumbrado ya a tratar con indiferencia tales asuntos. Si en ocasiones anteriores habían mostrado interés en la Unión Europea, dejaron de hacerlo desde que ésta los clasificó como "organización terrorista" en el año 2002.

Los puntos débiles de las FARC

Conviene no subestimar otros puntos débiles de las FARC. Si hasta ahora ni el Ejército ni la Policía han podido infligirle golpes espectaculares, han estado en condiciones de bloquear con éxito algunos de sus ataques gracias a los nuevos medios de observación y seguimiento y a la reacción por vía aérea, y han llegado a propinarles pérdidas significativas. Así ocurrió luego de los intentos de las FARC de tomar poblaciones como Puerto López y Puerto Lleras en Meta, o Hato Corozal en Casanare, siendo sorprendidos a la salida de las operaciones. En Norte de Santander, por ejemplo, en el año 2000 el Ejército destruyó parcialmente una columna que iba hacia el Norte, proveniente de la zona desmilitarizada. Luego, interrumpió el movimiento de centenares de guerrilleros que querían apoderarse de Barrancominas, esta acción dejó muchas víctimas, entre ellas un importante jefe militar de las FARC. En junio de 2002 el Ejército dio de baja a unos 50 guerrilleros cerca de San Vicente del Caguán, y en septiembre de 2002, a varias decenas cerca de Ituango.

Como consecuencia, las FARC han evitado desde entonces montar operativos o ataques donde queden expuestos a la respuesta aérea. A falta de éxitos mayores, el Ejército se muestra capaz de poner trabas a las acciones ofensivas de envergadura, y a medida que la ayuda proporcionada por el Plan Colombia entre en acción, su capacidad de reacción tenderá a mejorar más.

Las bajas sufridas por las guerrillas no son despreciables, han venido en constante aumento. Si consideramos las cifras que proporcionó el Ministerio de Defensa en enero de 2003, las guerrillas tuvieron, sólo en el año 2002, 1.683 muertos y 3.553 prisioneros. Más de 1.410 guerrilleros han depuesto las armas o desertado. Si admitimos que el conjunto de efectivos de las guerrillas llega a 25.000 hombres, entonces el 26% de sus miembros ha sido puesto fuera de combate en un año. Aunque es posible que las cifras sean un tanto exageradas[2], en todo caso indican que las guerrillas deben enfrentar el problema de renovar de manera continua sus tropas. No es por azar que en sus filas haya cada vez más adolescentes, voluntarios o no, y que ellos formen una parte importante de los desertores. En los cinco primeros meses de 2003 las cifras continuaron siendo considerables: las FARC tendrían 543 muertos y 1.063 capturados; por su parte el ELN, 160 muertos y 257 capturados, a lo que habría que agregar unos 500 casos de deserción. El gobierno lanzó, además, un programa para estimular las deserciones y le dio gran publicidad.

La calidad del armamento de las guerrillas está sujeta a ciertas dudas. Si no tienen dificultad de procurarse un armamento que llamaríamos clásico (como se sabe, por intermedio de Montesinos, asesor de Fujimori, compraron de una sola vez 10.000 fusiles modernos que venían de Jordania), en cuanto a artillería disponen ante todo de cilindros de gas y, pese a los rumores, jamás ha habido pruebas suficientes de que dispongan de misiles tierra-

---

[2] Las Fuerzas Armadas tienden a exagerar las cifras. Han sido numerosos los casos en que los generales anuncian haber dado de baja a por lo menos 50 guerrilleros, sin confirmación posterior. El hecho de que los guerrilleros acostumbren a ocultar sus muertos no lo explica todo. Los cálculos pueden ser fantasiosos, y muchos civiles pueden ser clasificados como combatientes. Según otras cifras oficiales publicadas poco antes en el año 2002, las FARC perdieron 3.433 combatientes (de los cuales 1.034 murieron), en tanto que el ELN perdió 935 combatientes (168 muertos).

aire[3]. Algunos de los atentados recientes sí prueban que están en el plan de dotarse de morteros, por ahora artesanales, pero eficaces, y sobre todo de técnicas sofisticadas de ignición de explosivos.

Resulta, por otro lado, evidente que una organización ubicada en un territorio tan vasto, financiada con el tráfico de droga, los secuestros y la extorsión, no puede pretender controlar las prácticas cotidianas en los 60 frentes que la conforman. Se presentan casos en que algunos cuadros de dirección han desertado llevándose consigo fondos de la organización. Con frecuencia hay testimonios acerca de enriquecimientos y malos manejos. En los últimos años el Secretariado se ha esmerado en incrementar y perfeccionar los controles acerca del manejo de fondos por parte de las distintas unidades[4], pero sin conseguirlo del todo: el producto de la extorsión en las ciudades es menos controlable. Con el pretexto de las dificultades de comunicación, los jefes de frente más de una vez han dispuesto a su antojo los recursos que les han sido dados. Puede ocurrir que hagan oídos sordos a las órdenes de liberar a algún secuestrado. A raíz del secuestro de tres cooperantes alemanes en octubre de 2001, se supo, por ejemplo, que los responsables del frente que había tomado la iniciativa le daban largas al asunto. Es cierto que desde hace un tiempo se ha instaurado una especie de juego entre el Secretariado y los frentes en el que se diluye la responsabilidad con astucia. A raíz de numerosos incidentes provocados por las FARC, a los representantes del gobierno de Pastrana se les dijo que el Secretariado no estaba al tanto de ellos.

---

[3] Se ha dicho que hace varios años compraron algunos misiles en El Salvador; aun si fuera cierto, ya no deben ser utilizables.

[4] Hacia mediados de 1985, Raúl Reyes estuvo a cargo de la centralización de las operaciones financieras de las FARC. A los diversos frentes se les asigna cada año, según las condiciones locales, el monto de lo que han de recaudar. Éste es reenviado al Secretariado, que se encarga luego de repartirlo practicando una política redistributiva entre los distintos frentes, unos más prósperos que otros.

No cabe duda de que las FARC siguen siendo una guerrilla con motivaciones políticas, pero tampoco se puede desconocer que las finalidades son inseparables de los métodos, y éstos no han dejado de degradarse.

Las FARC no se limitan a constreñir a la población y a cometer asesinatos selectivos, también tienen su cuota de masacres y desplazamientos masivos. En zonas que están en disputa con los paramilitares, en la actualidad recurren a sus mismos métodos. A propósito, nos referimos antes al caso de Bojayá. En la parte oriental de Antioquia, donde ocurren en este momento enfrentamientos sin cuartel entre los dos bandos, en enero de 2003 las FARC masacraron al azar a 17 personas, entre niños y adultos. Por esos mismos días se las acusaba de obligar a personas secuestradas a conducir vehículos con explosivos para atentados. La divulgación de tales hechos en los medios masivos crea, claro está, un sentimiento generalizado de rechazo.

Las propias formas de combate contribuyen a ello. Los ataques con cilindros de gas como proyectiles dirigidos a destruir puestos de policía o alcaldías han arrasado el centro de varias poblaciones. En particular han afectado al departamento de Antioquia, donde los municipios de Nariño, Granada y San Carlos han sido blancos en varias oportunidades. Como consecuencia de tales ataques, una gran parte de sus habitantes ha tenido que huir. Cuando la guerrilla toma sitios controlados antes por los paramilitares (lo cual se ha vuelto frecuente), prescinden de la distinción entre combatientes y civiles, al igual que lo hacen sus adversarios.

Hace unos dos años el Mono Jojoy anunció que en adelante las FARC se propondrían llegar a las ciudades. Las tentativas hasta ahora se han quedado cortas. Existen, claro, grupos de milicianos, pero son inestables y tienden a deslizarse hacia la delincuencia común. A primera vista la única ciudad grande en la que han buscado instalarse ha sido Medellín. Junto a los milicianos, han infiltrado a

FIGURA 7.1 ATAQUES A LA POBLACIÓN

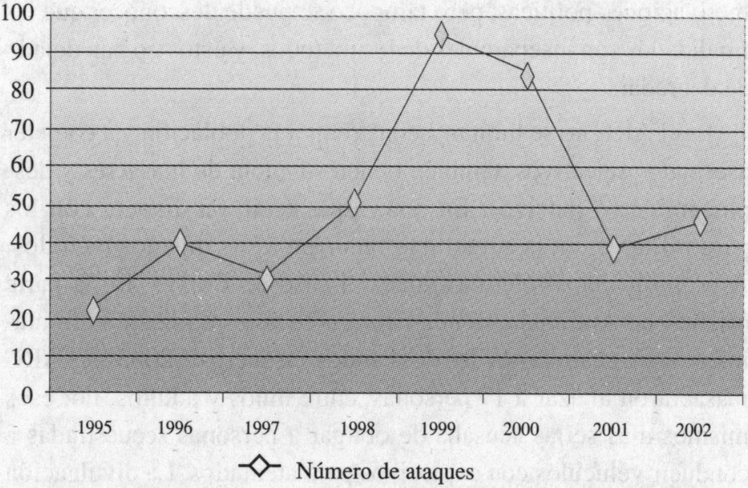

Fuente: Ministerio de Defensa Nacional.

Procesado por el Observatorio del Programa Presidencial de Derechos Humanos y DIH, Vicepresidencia de la República.

auténticos guerrilleros en varios barrios, en particular en la Comuna 13. Las Fuerzas Armadas, sin embargo, no tuvieron mayores dificultades para recuperar ese barrio en enero de 2003, y se proponen "limpiar" los barrios adyacentes acudiendo, según varios testimonios, al apoyo de los paramilitares. Se ha mencionado, así mismo, la participación de estudiantes en una cumbre de las FARC hecha en Sumapaz en diciembre de 2002 y diversas tentativas para penetrar en universidades de Bogotá, lo cual probaría que las FARC están resueltas a ampliar su influencia en sectores de la llamada "sociedad civil", pero de allí no se deduce que estén en condiciones de llevar a cabo acciones masivas en las ciudades.

Tal fracaso en el tránsito a la urbanización muestra los límites actuales de las guerrillas. La intensidad de la crisis social y los niveles de desempleo crearían a primera vista un terreno favorable.

Pero la desorganización social está lejos de conducir de modo ineluctable a la acción colectiva y menos aún a la acción armada. La falta de perspectivas políticas que ofrece la guerrilla a corto y mediano plazo les impide movilizar sectores amplios a su favor.

Las FARC se han dedicado siempre a asegurar su poder en las zonas rurales. Un poder que es considerable, pues lo ejerce sobre una buena parte del país, pero allí donde existe es siempre "negativo". Consiste en someter a la población, no en atraerla; en debilitar las instituciones, no en dar golpes decisivos a los adversarios. Los atentados terroristas de febrero de 2003, prueban que la "lucha de masas" no está siempre a la orden del día.

La guerra en Arauca y otras zonas estratégicas

Para sorpresa de muchos observadores, las FARC se abstuvieron de ejecutar grandes operaciones militares en los meses siguientes a la posesión de Álvaro Uribe. Ninguna ofensiva espectacular se llevó a cabo. Incluso las usuales emboscadas disminuyeron mucho. Las principales acciones del período se efectuaron contra zonas paramilitares. La disminución de acciones ofensivas es, en parte, producto de la creciente eficacia de las Fuerzas Armadas y de las redes de "cooperantes" y de soldados campesinos. Las cifras de sus pérdidas lo demuestran. Pero ello no implica menor intensidad de los sabotajes. Parece que las FARC están dedicadas a concentrar sus esfuerzos en algunas zonas estratégicas.

Ya es claro que han aceptado el desafío que lanzó el gobierno con las "zonas de rehabilitación y de consolidación", poniendo en jaque sus planes de reconquista. Si hasta ahora no han llevado a cabo sino acciones esporádicas en la región de los Montes de María, han consolidado su alianza con el ELN para desarrollar una gran resistencia en Arauca, región de importancia estratégica en la cual el gobierno ha decidido probar prioritariamente su política de seguridad.

La importancia de este departamento periférico, por lo demás abandonado durante mucho tiempo por los poderes centrales, obedece a múltiples factores. 1) Económicos: cuenta con el yacimiento petrolífero de Caño Limón, así como con las líneas del principal oleoducto; además, se ha transformado recientemente en productor de coca: se calcula en 12.000 el número de hectáreas cultivadas, en buena medida como resultado de la fumigación en los departamentos vecinos. 2) Geopolíticos: la larga frontera común con Venezuela es particularmente permeable y, además del tráfico de todo tipo que se desarrolla, los servicios de inteligencia colombianos están convencidos de que la guerrilla ocasionalmente encuentra refugio en el lado venezolano, lo cual ha sido confirmado por varios incidentes. 3) Militares: el ELN lo ha tenido como su bastión desde que se creó el Frente Domingo Laín, y las FARC se han establecido allí en los últimos años, sea para reforzar, sea para competir con las posiciones de su rival. Los paramilitares hicieron su irrupción hace aproximadamente dos años.

Hasta hace poco el departamento no había sido una de las mayores zonas de combates. Las dos guerrillas, primero el ELN y luego las FARC, se habían limitado a atentar una y otra vez contra el oleoducto. En diez años se contabilizan más de 700 atentados, y en el año 2001 llegó a estar paralizado durante varios meses. Las pérdidas que se derivaron de allí para la economía se calculaban en unos 450 millones de dólares. Ambas organizaciones guerrilleras solían beneficiarse de una parte importante de las regalías mediante el influjo que tienen sobre las administraciones locales. El resto de ingresos ha dado lugar a dispersas inversiones en equipamiento que no le han permitido al departamento salir de su miseria.

En el año 2002 la atención oficial se vuelca hacia él. La contribución de Estados Unidos se dirigió a la conformación de una brigada especial para la protección de los yacimientos y del oleoducto y la llegada de 77 instructores estadounidenses a principios de 2003 es otra prueba de su compromiso. Por su parte, el gobierno de Uribe busca poner a prueba su política de seguridad en los tres municipios explícitamente incluidos en la zona de rehabilitación: Arauca —la capital—, Saravena y Arauquita. La presencia militar debe ser complementada mediante el refuerzo local a las diversas ramas de la administración estatal: justicia (Fiscalía y Procuraduría departamentales), planeación, etc.[5].

La tarea de la reconquista es más compleja de lo que parece. En el seno de la población, la coexistencia, obligada o voluntaria, con la guerrilla está ya muy arraigada en las costumbres. Los múltiples arrestos de "colaboradores" de la guerrilla por las fuerzas del orden han sido objeto de críticas por parte de las organizaciones de derechos humanos. Las administraciones locales se han habituado a funcionar "en concertación" con la guerrilla. Para evitar la desviación de fondos, el gobierno decidió quitar a las administraciones locales el manejo de las regalías y asumirlo de una manera directa.

Los militares se precian de haber tomado el control de Saravena[6], una población a la que antes prácticamente no podían entrar. Han concentrado sus esfuerzos en la protección del oleoducto, y por el momento han logrado reducir el número de atentados: en 2001 fueron 170, en 2002 fueron 126 y hasta marzo de 2003 no se contabilizaban sino 4. Aun así las demás poblaciones, sobre todo las zonas rurales, siguen bajo el dominio de las guerrillas. Durante el año 2002, según las cifras oficiales, hubo 515 muertos y 871

---

[5] Los dos viceministros de Defensa estuvieron a cargo con anterioridad de los programas de seguridad de la British Petroleum, y en tal carácter tuvieron la oportunidad de experimentar el plan en su conjunto.

[6] Un control precario: el 20 de febrero dejaron la población para llevar a cabo acciones en otros sectores de Arauca, pero debieron regresar bajo la presión de una población atemorizada.

heridos[7]. Los paramilitares están también allí y continúan cumpliendo el papel de fuerzas complementarias, por no decir fuerzas de choque por cuenta de los militares[8]. En el municipio de Tame, en el que se habían cometido 59 asesinatos entre enero y febrero de 2003, así como en Cravo Norte y Puerto Rondón, ejercen un dominio abierto.

Por otra parte las dos guerrillas conservan su capacidad de acción: sólo durante febrero llevaron a cabo cinco atentados con carros bomba. Un destacamento guerrillero tipo comando atacó el 6 de febrero a Saravena, pueblo que la ministra de Defensa en unas declaraciones acababa de presentar como pacificado. Como si fuera poco, el ELN desencadenó a mediados de febrero un "paro armado" que detuvo durante seis días el transporte, incluso el aéreo, en el departamento.

Es la capacidad de intimidación de las guerrillas lo que impresiona. Para echar a perder los planes gubernamentales se esfuerzan en producir un vacío administrativo y multiplican las amenazas a funcionarios, concejales y diputados. El primer gobernador designado por el gobierno central, un coronel en retiro, tuvo que renunciar por las presiones, y dos meses después no se había nombrado el reemplazo. En muchos municipios hay una situación análoga. En Arauquita, comprendido dentro de la zona de rehabilitación, un primer alcalde tuvo que retirarse, y su reemplazo, otro coronel en retiro, hizo lo propio en marzo, seguido por los concejales, después de haber recibido un ultimátum de las guerrillas.

---

[7] Según un informe del Fiscal, que ha sido acusado de complacencia con los militares y solicitó una comisión de investigación al respecto.

[8] El alcalde de Tame los acusó de la desaparición de 15 personas. En ese municipio los combates entre guerrilla y paramilitares causaron más de 70 víctimas en unos pocos días.

Pese a su aparente cautela en el plano nacional, las FARC, aliadas o no con el ELN, han proseguido con acciones locales. Arauca no es la única región en la que intervienen. En la parte occidental de Putumayo y en la zona limítrofe de Nariño tratan de ampliar su presencia. En Huila consolidan sus posiciones. En Vichada y el oriente de Guaviare hacen sentir con fuerza su presencia en la propagación de nuevos cultivos de coca en una zona calificada como "Nuevo Putumayo". En los Montes de María, otra de las zonas de rehabilitación, continúan con su táctica de producir un "vacío administrativo": el 7 de marzo los concejales de Carmen de Bolívar se vieron obigados a renunciar.

Pero en definita es en Arauca donde, frente a la ofensiva gubernamental, pretenden demostrar toda su capacidad de reacción. Cada una de sus acciones ha llevado a la prensa de Bogotá a preguntarse por la viabilidad de la política de recuperación de territorios.

La radicalización de la estrategia militar y política

Es claro que las FARC no esperan salir pronto de su aislamiento político. Las amenazas a los elegidos del poder local y los secuestros no pueden sino aumentarlo. La prioridad es, entonces, *contrarrestar* la ofensiva política del gobierno argumentando que hace parte de un proyecto "fascistoide".

En uno de sus comunicados publicado el 23 de diciembre de 2002 llaman al gobierno una "dictadura civil", carente de toda legitimidad. Consideran allí que las anunciadas conversaciones con los grupos paramilitares son el preludio de la formación por el presidente de "su propio partido fascista". En otro comunicado, ya en el año 2003, denuncian el "terrorismo de Estado" y sus "redes de cooperantes", organizadas al "mejor estilo hitleriano", según ellos. La política de Uribe sólo buscaría:

> …consolidar la base social y política de un nuevo y más agresivo Frente Nacional fascista que pretende *en público* [sic][9] abrirle las puertas de la legitimidad burguesa con miras a la incorporación amplia y generosa del terrorismo de Estado, de los grupos paramilitares que actúan hace tiempo en coyunda con los altos responsables militares entregándose a genocidios inconfesables como el de la Unión Patriótica.

Dictadura, fascismo, genocidios: términos que ponen de presente que las FARC se disponen a luchar con todos sus medios contra el régimen.

Su apuesta se apoya en la convicción de que su aislamiento político es apenas pasajero. Si la polarización de la opinión juega en este momento en contra suya, tarde o temprano se volteará contra el gobierno; no dudan de que la situación social se tornará explosiva. La dramática pauperización de amplios sectores desde 1997 no puede sino acentuarse con las medidas sociales regresivas adoptadas por Álvaro Uribe. Entonces la lucha armada podrá coincidir con amplios movimientos de revuelta. De allí el llamado "a los sectores sociales, fuerzas, movimientos y colombianos opuestos al fascismo de Uribe Vélez para la formación de un gobierno democrático anti-neoliberal que lleve a cabo un programa para la paz".

El modo en que perciben el contexto internacional, en particular el de los países andinos, las ha persuadido de que han dejado de ser una reliquia del pasado, y que más bien se están a la vanguardia del movimiento "antiglobalización". Su comunicado de enero concluye así: "El nivel de la lucha de clases, tal como se revela en el marco de las nuevas tendencias de desarrollo social surgidas en América Latina y el Caribe, nos permite discernir la posibilidad de

---

[9] En cursiva, el comunicado precisa que "en público", pues "en privado" los partidarios de Uribe desde hace rato están comprometidos con el fascismo, lo cual es su manera de reconocer la amplitud del movimiento de opinión que llevó al poder a Uribe.

encontrar la vía de unidad de esas luchas y de su potencial insurreccional".

El paso al terrorismo

En los años sesenta y setenta, las FARC y el Partido Comunista condenaban el terrorismo a nombre de una interpretación del marxismo-leninismo que privilegiaba la "lucha de masas". Las dos organizaciones mantuvieron esa condena hasta los años ochenta. Fueron los narcotraficantes quienes acudieron al terrorismo en una escala sin precedentes en 1987 con el fin de cerrarle el paso a la extradición, y luego fueron los paramilitares quienes recurrieron a las masacres como una práctica corriente destinada a sembrar el terror.

Esto no les ha impedido a las FARC recurrir localmente al terror ni golpear a la población civil con ocasión de sus ataques a los puestos de policía o a las alcaldías usando cilindros de gas como proyectiles. Sin embargo, las FARC argüían que se trataba sólo de "daños colaterales" a raíz de operaciones militares y no de una táctica deliberada.

Los sucesivos atentados contra el presidente desde marzo de 2002 prueban, sin embargo, que las FARC están decididas a todo para desembarazarse de un jefe de Estado cuya "mano firme" sigue asegurándole una popularidad sin precedentes. Si tuviera éxito un atentado, la desestabilización que seguiría conllevaría un riesgo de caos.

El atentado perpretado contra el Palacio Presidencial el 7 de agosto de 2002, durante la ceremonia de posesión de Álvaro Uribe, y los atentados cometidos en Bogotá y en Neiva, los días 7 y 14 de febrero de 2003, respectivamente, expresan el paso a un terrorismo del tipo que se ha practicado en Irlanda o en el País Vasco.

No hay duda alguna acerca de la responsabilidad de las FARC en el ataque al Palacio Presidencial que costó 21 muertos en sectores vecinos. Tampoco subsiste duda alguna sobre la autoría de las FARC en el atentado al Club El Nogal el 7 de febrero, el más sangriento, con un balance de 35 muertos. El comentario que publicó después del atentado el periodico comunista *Voz* demostraba que se hallaba en aprietos: parecía al mismo tiempo aprobar y desaprobar[10]. La rectificación que las FARC publicaron un mes después daba más bien la sensación de ser una respuesta a la indignación que provocó el hecho y a la condena por parte de aquellos países que continuaban teniendo contactos con sus representantes. Los investigadores han hallado numerosos indicios contra la organización armada, en particular contra miembros de la Columna Teófilo Forero, asentada en Huila pero que tiene a cargo operaciones de comando en diversas regiones. No existe duda tampoco sobre el atentado cerca de la pista del aeropuerto de Neiva algunos días después con un balance de una veintena de muertos, el cual destruyó un conjunto de viviendas[11]. La única incertidumbre es si su blanco era, como es probable, el presidente, que iría al día siguiente a la ciudad y cuyo avión debía aterrizar en dicha pista, o si era una juez particularmente eficiente a cargo de varios expedientes que concernían a las FARC.

Los tres atentados dan cuenta de la sofisticación de los medios empleados. El primero fue llevado a cabo con morteros artesanales de un inesperado alcance de más de tres kilómetros y un sistema de

---

[10] *Voz* afirmó que se habían tenido reuniones en el club entre personas del gobierno y paramilitares. Por otro lado, el club había tenido como presidente al ministro del Interior y algunos ministros se alojaban ahí… por razones de seguridad.

[11] Neiva está relativamente cerca de la zona desmilitarizada. En el año 2001 las FARC llevaron a cabo allí una acción espectacular: penetraron en un inmueble habitado por personas de la clase dirigente local y secuestraron a 15 de sus residentes; 18 meses después "retenían" todavía a 7 de ellos.

lanzamiento muy moderno: sólo un error de conexión (montaje en serie y no paralelo) evitó que se lanzaran otras siete granadas. El que destruyó el Club El Nogal fue hecho con un explosivo que era mezcla de ANFO, clorato de potasio y TNT, con ignición electrónica a distancia, todo ello puesto en un carro que pese a las precauciones explotó cuando los autores materiales apenas lo acaban de estacionar. El de Neiva se desencadenó en momentos en que la Fuerza Pública acababa de hacer requisas en viviendas cerca del aeropuerto, y llevaba una enorme carga explosiva.

Los síntomas de esa evolución hacia el terrorismo se vienen acumulando desde hace unos años. El arresto en 2001, a la salida de la zona desmilitarizada, de tres miembros del IRA, mostró que las FARC han tenido contactos con grupos terroristas extranjeros. Por lo demás, las Fuerzas Militares han acusado a los irlandeses de ser expertos en exposivos perfeccionados que se detonan con teléfonos celulares y de cuando en cuando aluden a la presencia en Colombia de miembros de ETA.

Comoquiera, el empleo de medios terroristas es cada vez más evidente. En el año 2001 las FARC atrajeron a una patrulla militar a una casa bomba en el municipio de El Castillo (Meta) y la explosión causó más de 20 muertos. Antes del Club El Nogal ha habido varios atentados en Bogotá. Una granada de mortero fue lanzada por encima de las instalaciones de la embajada estadounidense contra la Fiscalía. Un cilindro de gas fue arrojado contra un terminal de Transmilenio, en el que había 60 buses estacionados, y si hubiera propagado el fuego, la diaria movilización de una parte de los bogotanos se habría visto afectada. La Policía evitó a comienzos de 2003 varios atentados a puentes sobre el río Magdalena que habrían aislado por vía terrestre a la capital, y ha decomisado en requisas varias toneladas de explosivos en Bogotá, Medellín y otras ciudades. En Arauca, las FARC han hecho explotar, como dijimos, varios carros bomba, algunos de ellos manejados por secuestrados o por personas que no sabían de qué se trataba.

Según los servicios de inteligencia, las FARC han reclutado recientemente a ingenieros o técnicos expertos en un manejo más sofisticado de los explosivos. Afirman, así mismo, que los atentados han sido realizados por comandos compuestos por algunos efectivos que permanecen en la ciudad sólo el tiempo que les lleva realizar la acción. Más allá de los presuntos vínculos con el IRA o con otras organizaciones terroristas[12], lo que parece irrefutable es la similitud en el modo de operar.

¿Son acaso estos atentados una manifestación del paso a la guerrilla urbana, como lo anunció el Mono Jojoy en junio de 2001 añadiendo que no quedarían en la selva sino dantas, chigüiros y otros animales? Lo que sí es seguro es que no pudieron llevarse a cabo sin la orden del Secretariado. Los comandos de la Columna Móvil Teófilo Forero dependen directamente de los jefes de las FARC[13].

Tales atentados, por lo visto, han tenido por objeto sembrar zozobra en la población mostrando que la política de mano firme está destinada al fracaso. A fines de 2002 la gente pudo haber creído que las fuerzas del orden estaban a punto de lograr éxitos decisivos. El programa de seguridad para las carreteras durante el período de vacaciones navideñas permitió que varios millones de colombianos reencontraran momentáneamente una libertad de mo-

---

[12] Se han mencionado contactos con el grupo chileno "Frente Patriótico Manuel Rodríguez".

[13] Los paramilitares tienen poca presencia en Huila, tal vez porque los cultivos de coca son poco extensos. Por el contrario, durante las negociaciones con Pastrana, las FARC multiplicaron ataques y saboteos en este departamento, afectando tanto instalaciones oficiales como puntos de explotación petrolera. Fue apenas en el año 2002 cuando el Ejército comenzó a reaccionar. La Columna Teófilo Forero no está concentrada en un punto, puede tener destacamentos en departamentos vecinos.

vilización que habían perdido. Los atentados bastaron para que se enfrentaran de nuevo a la sensación de inseguridad, y para que en varios sectores surgieran dudas acerca de la estrategia gubernamental. Más atentados podrían conducir a que la opinión vacilara de un modo más claro.

En suma, el terrorismo urbano significaría que las FARC han renunciado al "largo plazo", el de la acumulación progresiva de terreno en el campo, para apostarle al "corto plazo", que afectaría el conjunto de la estrategia gubernamental.

El ELN y sus dilemas

No nos referiremos sino de paso al ELN. Veremos más adelante que las esperanzas puestas por el gobierno en una negociación con esta organización parecen destinadas al fracaso. Su debilitamiento militar de ningún modo significa que esté dispuesto a ceder frente a un presidente hacia el cual sus sentimientos no difieren de los de las FARC.

Por disminuido que esté su potencial militar, el ELN continúa ejerciendo una influencia considerable en muchas regiones. Sin duda la ha ido perdiendo en el Magdalena Medio y en Norte de Santander en razón de la presión paramilitar, pero no ocurre lo mismo en Arauca y en zonas aledañas, ni en el Macizo Colombiano, ni en las zonas oriental y norte del departamento de Antioquia, o aun en la región de los Montes de María. Además, conserva una discreta presencia en Valle del Cauca y en los departamentos productores de café.

No hay que olvidar que el ELN precedió a las FARC en el empleo de métodos terroristas. Tiene la responsabilidad de los secuestros masivos de 1999 contra los pasajeros de un avión de Avianca y de los feligreses de la Iglesia de la María en Cali. Ha hecho de los atentados contra los oleoductos y la infraestructura eléctrica una especialidad. Instalado en San Luis de Cocorná, nudo de comunicación terrestre que domina el tránsito de Bogotá hacia Medellín y hacia el Magdalena Medio, lo bloquea a su antojo, procediendo a reiterados secuestros. Todavía a comienzos de enero, destruyó instalaciones oficiales y llegó a asesinar a camioneros que no se dejaron intimidar. Su debilidad no le ha impedido llamar la atención.

Hay otros datos que señalan la posibilidad del resurgimiento de esta organización. Ahora está vinculada al cultivo de coca y amapola. Actúa cada vez más en cooperación con las FARC o, mejor, se ubican en su órbita. Hemos visto cómo han estado coaligadas en Arauca. En muchas otras zonas las FARC han acudido en su ayuda o lo han sustituido. Ése es el caso del Magdalena Medio y de Norte de Santander: las FARC llegaron en su ayuda con motivo de una ofensiva paramilitar. Es eso lo que se ha producido en Antioquia, y en este caso eliminando a varios miembros del ELN. Tras el "accidente" de Machuca en 1999, muchos miembros del ELN se unieron a las FARC. Después, estas últimas no han vacilado en asesinar a algunos cuadros locales del ELN, y en el momento están exigiendo la adhesión total de aquellos que permanezcan en la región.

El ELN hace ahora el papel de grupo subsidiario, pero en esas condiciones el terrorismo puede ser tentador como una vía para preservar la propia identidad.

Conclusión

Desde agosto de 2002, las acciones acometidas por las guerrillas manifiestan una diversidad de facetas: un creciente dominio sobre las instituciones locales, un perfil operacional relativamente bajo en conjunto, una intensificación de las operaciones en escenarios circunscritos y el empleo de tácticas propiamente terroristas.

Una combinación que por lo visto corresponde a cuatro objetivos: reforzar la presencia territorial, esperar que se produzca el desgaste del gobierno, neutralizar sus esfuerzos en las zonas donde está experimentando su "estrategia de seguridad" y producir golpes espectaculares que hagan dudar de su política de mano firme.

Las guerrillas saben, sin embargo, que la ayuda estadounidense y las medidas nacionales de refuerzo son susceptibles de debilitarlas, si no a corto plazo, al menos progresivamente. El tiempo no necesariamente está jugando a su favor. Cabe preguntarse entonces si las amenazas sobre los elegidos y sobre el presidente, por una parte, y el empleo del terrorismo, por la otra, no se dirigen a producir una desestabilización institucional de gran envergadura.

Con frecuencia las guerrillas han usado el argumento de la impunidad de los paramilitares para rechazar todo compromiso con el régimen. Un hecho nuevo se ha producido en ese contexto: la apertura de negociaciones entre el gobierno y los paramilitares. A las FARC les parece que esto corrobora la colusión del gobierno con esos grupos. Más que nunca califican al régimen de "fascista". Es una manera de legitimar de entrada todas sus tentativas de una mayor desestabilización.

8

Los paramilitares y el gobierno de Uribe: entre negociaciones y expansión

Como vimos en capítulos precedentes, los paramilitares en ningún período anterior crecieron tanto ni cometieron más atrocidades como durante el "proceso de paz". Si el gobierno de Pastrana finalmente reaccionó, lo hizo tarde y de manera tímida. La colusión local entre paramilitares y militares ha continuado en numerosas zonas.

Puede pensarse que los paramilitares iban a continuar extendiendo su influencia con la llegada de la nueva administración. Asistimos, en cambio, a una evolución sorprendente: desde los meses que precedieron a la elección presidencial los paramilitares disminuyeron las masacres y se limitaron a asesinatos selectivos. Las fisuras y tensiones dentro de su organización se hicieron manifiestas. Carlos Castaño renuncia al comando militar de las AUC, configura un organigrama federal y denuncia la actuación por su cuenta de varios de los grupos. Una sorpresa todavía mayor proviene del cese al fuego unilateral que declararon el 1.° de diciembre de 2002 y de las declaraciones del gobierno acerca del inicio de conversaciones con miras a negociar una posible desmovilización. Semejante "reorientación" intriga más aún en momentos en que todo hace prever una escalada del conflicto.

Pero esto no es tan sorprendente como parece a primera vista. Se verá que el gobierno y los paramilitares tienen interés, por razones diferentes, en comprometerse en una negociación. Subrayamos en seguida las dudas que se pueden tener acerca de ese cese al fuego y más aún acerca del porvenir de dichas conversaciones.

Los dilemas del gobierno

Diversas razones permiten comprender por qué el gobierno debe hacer el intento de hallar una solución a la "cuestión paramilitar".

En primer lugar, el agravamiento o incluso la persistencia de las acciones de los paramilitares sólo pueden debilitar su imagen tanto en el interior como en exterior.

Las ONG no han cesado de denunciar la tolerancia que pudo haber tenido Uribe con los paramilitares cuando fue gobernador de Antioquia. En relación con esto, su secretario de Gobierno y amigo personal, Pedro Juan Moreno, ha sido cuestionado. Las cooperativas Convivir, que ambos contribuyeron a poner en funcionamiento en el departamento con el fin de vincular a la población a la lucha antisubversiva, muy pronto aparecieron sosteniendo vínculos con los paramilitares. Su creación en las zonas rurales coincidía en gran medida con los avances de la "reconquista" del terreno por parte de éstos. Ante múltiples indicios, finalmente el gobierno de Pastrana tuvo que tomar la decisión de disolverlas. Por su parte, Uribe no vaciló en solidarizarse con los jefes militares sospechosos de haber tolerado el paramilitarismo. En el año 2000, por ejemplo, tomó parte en el acto de desagravio al general Rito Alejo del Río, inculpado por ese motivo en calidad de antiguo comandante militar de la región de Urabá[1].

---

[1] Aunque en agosto de 2001 el nuevo fiscal, Luis Camilo Osorio, lo puso en libertad, lo que suscitó vivas protestas de varias ONG y en particular de Humans Rights Watch.

Durante la campaña los paramilitares no ocultaron su apoyo a la candidatura de Uribe. Carlos Castaño se pronunció abiertamente en su favor, y en un momento dado se llegó a preciar de haber hecho elegir a una tercera parte de los congresistas para facilitar la labor del futuro presidente. Puede suponerse que la disminución del número de masacres cometidas por los paramilitares durante la campaña respondía a la necesidad de presentarse como una fuerza política, pero también a la de no empañar el mensaje de firmeza de Álvaro Uribe frente a las guerrillas.

Pese a la creciente polarización de la sociedad colombiana frente a las guerrillas, las instituciones judiciales, la Iglesia y la sociedad civil organizada siguen siendo lo suficientemente influyentes como para exigir de manera constante el respeto de los derechos humanos y una política más resuelta en contra de los paramilitares. La legitimidad de Uribe se erosionaría rápidamente si diera la impresión de dejarles el campo libre, y las guerrillas encontrarían en ello un argumento inapreciable para proseguir su lucha.

Pero lo que cuenta ante todo es la actitud de Estados Unidos al respecto. Ya en septiembre de 2001, incluyó a las AUC en la lista de organizaciones terroristas. Después de eso, el Departamento de Estado y algunos congresistas denunciaron la impunidad de la que continuaban gozando. En septiembre de 2002, se produce un impacto adicional al pedir en extradición a Carlos Castaño y a otros dos jefes militares de las AUC: Salvatore Mancuso y Juan Carlos Sierra. Hay que anotar, no obstante, que el cargo inicial del que se los acusa es de tráfico de droga, y luego, de manera menos nítida, aparece la acusación de participación en acciones terroristas. Dicha solicitud adquiere una especial resonancia, pues se da a conocer en momentos en que el presidente Uribe lleva a cabo su primer viaje oficial a Washington, un mes de haberse posesionado. Muchos observadores hacen notar que más que una coincidencia, se trata de una advertencia.

El gobierno constata, por su parte, que el énfasis que pone en las redes de "cooperantes" e "informantes" genera la mayor suspicacia.

Hay motivos para dudar de la solución que consistiría en comprometer a los militares en la represión de los paramilitares. Los resultados durante el gobierno de Pastrana no fueron para nada concluyentes: no hay duda de que permitieron salir al paso a algunas de las acusaciones internacionales, pero no disminuyeron el potencial de los paramilitares. Sostener una guerra antisubversiva en dos frentes es una apuesta muy alta. Es inútil insistir en el hecho de que muchos comandantes militares tienden a acordar por debajo de cuerda con los paramilitares las tareas "sucias", y sin duda no están dispuestos a desarrollar grandes operaciones contra ellos. De cualquier modo, eso además los distraería de su objetivo principal, el combate contra las guerrillas.

En esas condiciones el gobierno se inclina hacia una "solución política". A fines de 2002, consigue que se apruebe en el Congreso un proyecto de ley que le permite iniciar las conversaciones con organizaciones fuera de la ley sin que eso implique el reconocimiento del estatus de "actor político". La Ley 418 de 1997, que autorizaba la negociación con las guerrillas, exigía dicho reconocimiento y por ello no resultaba aplicable en el caso de los paramilitares; así, con la nueva ley se removió un obstáculo en esa dirección. La decisión del cese al fuego unilateral de los paramilitares removió un segundo obstáculo, pues el gobierno había declarado con antelación que era una de sus condiciones para entablar conversaciones con grupos armados ilegales. A partir de ese momento se procede a nombrar una comisión preparatoria que emprende las primeras discusiones con algunos de sus voceros.

Lo anterior implica asumir un evidente riesgo político, tanto en el plano interno como en el internacional. En caso de que las conversaciones tengan éxito, así sea parcial, se dará pábulo a nuevas sospechas de connivencia con los paramilitares. Un fracaso en tales conversaciones, por el contrario, será interpretado como un gran revés. En todo caso, el hecho de iniciar esas conversaciones en momentos en que no existen con las guerrillas significa la inversión del orden tácitamente admitido hasta el momento y comporta una grave asimetría. A esto hay que añadir que mientras que el gobierno sólo tendría garantías limitadas de parte de sus interlocutores, ellos estarían en condiciones de cuestionar lo acordado en cualquier momento, profundizando así la crisis institucional. Si el gobierno ha asumido ese riesgo, puede deducirse que lo hace porque lo considera el único medio para aliviar la crisis.

Las razones del viraje paramilitar

En cuanto a los paramilitares, tienen varias razones para aceptar las conversaciones. La polarización de amplios sectores de la sociedad en contra de las guerrillas obra a su favor. En varias oportunidades han manifestado su intención de convertirse en movimiento político. Ya en septiembre de 2001, hicieron pública su intención de constituir un "Movimiento Democrático Nacional" afirmando en uno de sus comunicados: "Surgimos en medio de la guerra para terminar con la guerra. Y nos orientamos hacia la política para dignificarla y hacer posible la paz". Mal podría el gobierno en principio oponerse a esta metamorfosis; el cese al fuego abre el camino para un cierto grado de reconocimiento social. ¿No ha aceptado acaso monseñor Rubiano, el cardenal primado, servir de testigo con miras al cese al fuego? ¿Las conversaciones mismas no conducirían a una reintegración social?

Es esa ambición política la que ha llevado a Carlos Castaño a admitir públicamente su responsabilidad en numerosos crímenes. En su libro *Mi confesión*[2], un éxito en ventas, justifica mu-

[2] Mauricio Aranguren Molina, *Mi confesión. Carlos Castaño revela sus secretos*, Bogotá, Oveja Negra, 2001.

chos de ellos por su deseo de eliminar a los simpatizantes de la guerrilla, y no tiene reato para reconocer que en muchos casos se ha equivocado[3]. En agosto de 2001, prometió que las Autodefensas respetarían de ahí en adelante el Derecho Internacional Humanitario. En diciembre del mismo año se comprometió a "sanear" sus tropas, y ha hecho algunos gestos de preparar una reconversión política. En sus apariciones en televisión ha podido descubrir que un lenguaje directo, descarnado, le otorga más popularidad que el lenguaje calculado y sopesado de los comunicados de las FARC.

A pesar de todo, los paramilitares no pueden darse el lujo de pasar por alto la condena internacional que gravita sobre ellos. La solicitud de extradición de Estados Unidos es una amenaza real, sobre todo en lo que concierne a las actividades "terroristas". Hasta el momento la mayoría de los narcotraficantes extraditados ha decidido obtener beneficios "colaborando" con la justicia; en principio Castaño había anunciado que lo haría, pero todo cambió con la nueva acusación. Y de continuar perpetrando atrocidades, es evidente que los paramilitares se convertirán potencialmente en objetivo de la nueva justicia penal internacional. Por otra parte, su participación en el narcotráfico es más significativa que nunca. Se calcula que en la actualidad controlan algo así como el 40% de la superficie cultivada. A comienzos de marzo de 2003, las agencias antidrogas estadounidenses afirmaron que los paramilitares estarían comprometidos con redes de distribución, lo que los hace más vulnerables en el plano internacional. Por último, pueden verse afectados en sus intereses materiales. Si hasta el momento las leyes adoptadas para expropiar a los narco-

---

[3] Como ocurrió con el prestigioso profesor Hernán Henao, asesinado en su oficina.

traficantes han sido totalmente ineficaces en ese propósito, una nueva ley aprobada en febrero puede cambiar la situación[4].

El principal motivo de inquietud puede ser, sin embargo, aún más simple: el monstruo creado puede salirse del control de sus creadores. Ni Carlos Castaño ni nadie puede controlar los innumerables grupos que existen, ni mucho menos los excesos que cometen. Ésa fue la razón que alegó Castaño para retirarse de la dirección militar de las AUC y optar por una negociación.

El fraccionamiento de las AUC

No todos los grupos paramilitares se cobijan bajo la sigla AUC. Muchos de ellos son el producto de iniciativas locales, incluso varios han estado durante años en conflicto con las AUC. Por ejemplo, en la sierra nevada de Santa Marta, zona de cultivo de coca y de amapola, desde hace años se implantó un grupo importante dirigido por Hernán Giraldo, que rechaza la tutela de las AUC y tiene ramificaciones más allá de Santa Marta, hacia Antioquia y el norte del Valle[5].

Dentro de las propias AUC los síntomas de tensión se han multiplicado en la etapa reciente. Fue en mayo de 2001 cuando Castaño hizo pública su renuncia[6] y la acción disidente de algunos de sus comandantes. La jefatura militar le fue transferida a uno de sus hombres más cercanos, Salvatore Mancuso. Poco después se dio a conocer una reorganización según la cual se daba una estructura abiertamente federal en la que nueve jefes asumirían la responsabi-

---

[4] Ya no será indispensable una decisión judicial previa para obtener la expropiación. La Fiscalía podrá intervenir con la simple presunción, y es a los acusados a quienes corresponde demostrar el origen lícito de sus bienes.

[5] A la cabeza de una de tales ramificaciones se halla un tal Musco, que dirige 350 hombres y que ha establecido vínculos con el Cartel del Norte del Valle.

[6] En comunicado divulgado en internet.

lidad de la estrategia regional de sus respectivos grupos. Esto no impidió que surgieran conflictos de inmediato. Algunos de los grupos actuaban en forma abiertamente delincuencial y acudían al secuestro. Uno de ellos, llevado a cabo por un grupo de Meta, fue el de un importante empresario venezolano, y causó el furor de Castaño, quien exigió el castigo para el responsable. En septiembre de 2002 una reunión nacional de 60 comandantes de las AUC[7] da lugar a violentas discusiones. El líder paramilitar afirma la necesidad de deslindarse del negocio de la droga, propuesta que provoca fuertes reacciones en muchos de los grupos[8]. Frente a la creciente anarquía de la organización, Castaño reitera su decisión de disolverla, pero 18 de los dirigentes se pronuncian a favor de mantenerla, y él reasume la dirección política. En noviembre de 2002 un nuevo incidente estalla cuando el jefe del Boque Metro, de Medellín, acusa a Castaño de ser narcotraficante[9].

El inicio de las conversaciones dará una idea más precisa de la complejidad de los grupos que actualmente se denominan "bloques", de los que aquí intentaremos tan sólo hacer un listado.

En la esfera de influencia directa de las AUC figuran: a) las ACCU, autodefensas de Córdoba y Urabá, el núcleo inicial; b) las Autodefensas del Magdalena Medio, que comprenden varias ramificaciones: en Cundinamarca el grupo dirigido por el Águila, en el oriente de Antioquia el grupo dirigido por Ramón Isaza, y en Boyacá el

[7] Según noticias de prensa cuatro obispos asistieron a la reunión, convocada por Mancuso.

[8] La fisura surge entre los grupos que quieren conservar los cultivos de coca como fuente de financiamiento y sólo están dispuestos a condenar los cultivos cobijados por la guerrilla, y aquellos grupos que quieren deslindarse del todo del negocio.

[9] En su boletín, Castaño rechaza la acusación, y las AUC emiten un comunicado en el que afirman: "Es inevitable que pese a nuestra voluntad, el dinero del narcotráfico haya penetrado ciertos sectores de las Autodefensas, así como ha penetrado a la economía nacional y a ciertas instituciones del Estado".

grupo que desde 1985 controla el municipio de Puerto Boyacá; c) el Bloque Élmer Cárdenas, compuesto por unos 1.500 hombres bajo la dirección de El Alemán, instalado en el norte del Chocó y el occidente de Urabá; d) el bloque del Tolima; e) el bloque del Río Minero en el nororiente antioqueño; f) el Bloque Calima y el Bloque Pacífico en Valle del Cauca, junto a otros grupos menores.

Hay otros bloques que cuentan con gran autonomía respecto de las AUC.

El Bloque Central Bolívar comprende 29 frentes asentados en particular en el Sur de Bolívar, el Bajo Cauca, Santander, Putumayo, Nariño y Cauca. Sus tres jefes son conocidos por los alias de Montañez, Ernesto Báez y Julián.

El Bloque Oriente está conformado por la alianza entre las Autodefensas de Casanare y las Autodefensas de Meta y Vichada, y comprende unos 1.500 hombres comandados por Martín Llanos.

Hay que agregar aquellos bloques que reinvindican su total independencia. El más poderoso es el llamado Bloque Metro, que tiene su asiento en Medellín, las comunas adyacentes y el oriente y el nororiente de Antioquia. En la misma zona surgió más recientemente el Bloque Cacique Nutibara. Entre los dos se libra en este momento una sangrienta guerra. En Boyacá y Meta, Víctor Carranza, el zar de las esmeraldas, tiene bajo sus órdenes centenares de hombres.

Otros bloques, sea que estén o no vinculados a las AUC, actúan en Nariño, Cauca y Arauca.

Entre los bloques existen muchas diferencias, aunque todos participan en mayor o menor grado de la economía de la droga, ya sea del cultivo o del tráfico. El núcleo inicial se formó en torno a Fidel Castaño, miembro del Cartel de Medellín antes de organizar la lucha contra el propio Pablo Escobar[10], y Carlos Castaño lo sucedió

---

[10] Fidel Castaño fue la figura clave del grupo Los Pepes, que sostuvo una intrincada lucha contra Escobar.

en esa jefatura. Da la impresión, en todo caso, de que algunos de los bloques se dedican a la lucha contra la guerrilla, en tanto que otros están ante todo dedicados al tráfico de droga. El Bloque Central Bolívar sería de estos últimos, en tanto que Castaño pretende tan sólo cobrar un impuesto a los cultivadores[11].

Otra fisura se nota entre aquellos grupos que se preocupan tan sólo de obtener un dominio local y aquellos que pretenden llevar una política global antisubversiva y quieren, por lo tanto, expandirse. El Bloque Metro, que se ha impuesto un rígida disciplina militar, estaría entre estos últimos y ha asumido una encarnizada lucha contra las guerrillas en Antioquia.

Finalmente, otras divergencias pueden surgir en torno a la conducta que deban seguir frente al gobierno. Varios de los bloques han manifestado sus reticencias sobre las conversaciones; el Bloque Metro y una parte del Bloque del Meta así lo han señalado. El Bloque Élmer Cárdenas, que le disputa a las FARC la zona limítrofe con Panamá, se retiró de las conversaciones rápidamente. El Bloque Central Bolívar decidió en febrero de 2003 llevar a cabo conversaciones por separado. Luego son las ACCU, con algunos bloques separados, las que en definitiva adelantan los diálogos.

Tales divergencias se han traducido en los últimos meses en enfrentamientos abiertos. El Bloque Metro acusó a Castaño de haber matado a decenas de sus hombres, y en Meta y Casanare se han registrado numerosos incidentes.

Los azares de la negociación

Las conversaciones han pasado primero por una fase que el gobierno califica de exploratoria, expresión que da cuenta de la cautela que quiere emplear.

---

[11] Castaño ha denunciado a Rafa, jefe paramilitar de Putumayo, a Montañez y a Ernesto Báez, del Bloque Bolívar, como narcotraficantes.

Se ha conformado una comisión de seis miembros para esta fase, en función de sus vínculos con determinadas regiones: Carlos Espinosa Faciolince (Sur de Bolívar), Juan B. Pérez (Boyacá, ex gerente de minas de esmeraldas), Gilberto Alzate Ronga (Caldas), Ricardo Avellaneda (Caldas, vinculado a la Fundación País Libre), Jorge Ignacio Castaño (Antioquia) y Carlos Franco (guerrillero desmovilizado del EPL y actual consejero presidencial). Se han previsto tres negociaciones regionales distintas y se procura tener en cuenta la fragmentación de los grupos y la diversidad de las situaciones locales.

Durante varios encuentros se han esbozado algunos acuerdos inciales: desmovilización inmediata de los menores de edad y posibilidad de una amnistía parcial[12]. A comienzos de febrero de 2003 Carlos Castaño anunció incluso un acuerdo para regrupar a los miembros de la AUC en una zona desmilitarizada de Urabá; falta ver si eso es posible.

Los escollos parecen más numerosos y más difíciles de superar. El primero de ellos es un problema jurídico. Parece del todo imposible amnistiar los múltiples crímenes de lesa humanidad perpetados por los paramilitares. Muchos de sus líderes se hallan en esa situación; el propio Castaño es un ejemplo, en su libro de confesiones reconoce la autoría de muchos de ellos y ofrece toda clase de pruebas. Sería muy poco consistente el propósito de restablecer la autoridad del Estado y al mismo tiempo conceder tales márgenes de impunidad. Muchos analistas consideran que las amnistías indiscriminadas decretadas en el pasado y la ausencia de tribunales de verdad han contribuido a la precariedad de las instituciones y a la consiguiente reactivación de los índices de violencia. Por su parte, Estados Unidos difícilmente podría tolerar esa aminsitía tras

[12] El 27 de enero el gobierno anunció que si hay acuerdo se suspenderían en ciertos casos la aplicación de las penas y la continuación de las investigaciones.

calificar a las AUC como grupo terrorista, y haber solicitado en extradición a algunos de sus líderes, menos aún cuando la guerra no ha terminado. Mal podría justificar el gobierno colombiano tal exceso de generosidad hacia uno de los contendientes, en tanto que el aparato judicial inculpa cada vez más a los jefes de las guerrillas.

En mayo de 2003 el presidente Uribe dio, sin embargo, un paso más en dirección a la impunidad para los paramilitares. Anunció que en julio someterá al Congreso un proyecto de ley que establecería la libertad condicional a los miembros de los grupos ilegales que depongan las armas, aun en casos en que sobre ellos pese una incriminación de delitos atroces. La disposición está inspirada en medidas que se tomaron en Irlanda del Norte cuando surgió la posibilidad de un acuerdo global de paz. Es evidente que Colombia no se halla en una situación así: el conflicto con las guerrillas no ha hecho más que exacerbarse. Es cierto que Uribe se propone que la disposición cobije a los guerrilleros, estimulando su deserción, pero si la medida es aprobada en el Congreso, beneficiará a los paramilitares: se habrá removido el principal problema jurídico en las negociaciones con ellos.

El 1.º de junio Carlos Castaño llegó a pedir un salvoconducto para él y algunos líderes paramilitares, que los pusiera provisionalmente al abrigo de la justicia. Es una prueba de que la cuestión de la libertad condicional se ha planetado de manera bastante desequilibrada; si bien el debate sobre medidas de reconciliación tendrá que darse algún día para favorecer una salida política del conflicto, esta vez se necesitará primero la conformación de un tribunal con presencia de las víctimas. Estados Unidos ha hecho saber que mantendrá la solicitud de extradición de Castaño y de otros paramilitares.

Y los escollos nos remiten una vez más a los vínculos de los paramilitares con la economía de la droga. Como dijimos, Estados Unidos acaba de hacer público un informe en que se documenta esa participación en grados equiparables con los de las guerrillas. Esto sucede en momentos en que el gobierno de Uribe no cesa de afirmar su compromiso con la erradicación de los cultivos en el término de su mandato y ha procedido a fumigar a una escala sin precedentes. Cualquier acuerdo supondría, entonces, que los grupos paramilitares se asocian a las medidas de erradicación de los cultivos. Así lo admitieron en el memorando que entregaron al gobierno el 29 de noviembre de 2002[13]. A comienzos de junio de 2003 Castaño reconocía que muchos grupos paramilitares se "narcofeudalizaron", a lo que agregó: "Nos duele a quienes soñamos con un movimiento político". Luego la distancia entre el discurso y las acciones puede ser grande. Es poco probable que el gobierno pueda convencerlos para que reconozcan la posesión de al menos una parte de los bienes adquiridos en forma dudosa. En todo caso la apuesta en ese punto es muy alta.

Subsisten algunas dudas acerca de cómo evolucionará la actitud de las diversas agencias estadounidenses. Pese a las declaraciones optimistas de Uribe Vélez y sobre todo de su ministro Fernando Londoño, algunos de los responsables estadounidenses son conscientes de que los programas de fumigación sólo pueden ofrecer resultados limitados y de que podría ser distinto si los grupos armados se vincularan efectivamente, por ejemplo, a los programas de erradicación manual. Ésa parece haber sido la idea que determinó los contactos en Costa Rica de personas del Departamento de Estado con las FARC; contactos interrumpidos, como ya se anotó tras el asesinato de los tres indigenistas y la subsiguiente radicalización de las FARC.

---

[13] El punto 10 prevé una discusión acerca de la destrucción de los cultivos ilícitos. En dicho documento los paramilitares reclaman, entre otras cosas, algo que también habían demandado las FARC en el proceso de paz: el financiamiento por parte el Estado de sus combatientes durante las negociaciones y su reconocimiento como actores políticos.

Los contactos podrían reabrirse con las AUC. Según varias fuentes de información, ha habido conversaciones en los últimos años entre agentes de la DEA y la AUC. Castaño se precia de haber impulsado a varios miembros de las AUC, de los más implicados en el negocio de la droga, a someterse a la justicia estadounidense, y también afirma estar dispuesto a comprometerse con un amplio programa de erradicación. En caso de ser extraditado, podría negociar a título personal una reducción de penas a cambio de su colaboración con la justicia[14]. El periódico *El Espectador* ha publicado datos acerca de antiguas tratativas de la DEA con el Cartel del Norte del Valle"[15]. De hecho, los estadounidenses se han abstenido por el momento de adoptar una posición definida acerca de los conatos de negociación actualmente en curso. El propio presidente Bush dio a entender en una oportunidad que no se oponía a tal tipo de negociaciones. Phil Chicola, subsecretario de Estado para Asuntos Andinos, se ha limitado a comentar que Álvaro Uribe "corría un riesgo" con ello. La embajadora de los Estados Unidos adimitió el 18 de junio que Estados Unidos ha contribuido a las conversaciones, y en otra declaración dijo que su país estaría listo a financiar la desmovilizacion hasta de 3.000 paramilitares. No puede descartarse que Estados Unidos dé su aval a un acuerdo mediante el cual algunos grupos se comprometan en una política de erradicación[16]. Éstas son apenas conjeturas, su factibilidad depende de un supuesto un viraje real de las AUC. De cualquier manera, ellas no pueden descartarse del todo.

Las conversaciones parecen salir de la fase exploratoria y entrar en una decisiva. Algunos grupos, en efecto, han comenzado a

---

[14] Aunque no se tienen datos oficiales, muchos narcotraficantes se han beneficiado de importantes rebajas de penas.

[15] Según una investigación hecha por Fabio Castillo y aparecida en el mismo diario (el 11 de febrero de 2003), este Cartel quiere ante todo evitar la extradición.

[16] A comienzos de los años noventa el embajador de entonces, Curtiss Kamann, había mencionado esa posibilidad.

desmovilizar a los menores de edad que figuran en sus filas. Con todo, es prematuro juzgar el resultado. Sobre el terreno la situación parece de las más confusas.

Una situación confusa

Resulta evidente que el cese al fuego no ha puesto fin al enfrentamiento entre los paramilitares y las guerrillas. Da la impresión de haber dejado las manos libres a las Fuerzas Armadas para concentrarse en las segundas. En resumen, parece haber dejado el campo libre a los grupos paramilitares.

Los enfrentamientos entre guerrillas y paramilitares tienden a multiplicarse en la última etapa; el único cambio consiste en que con mayor frecuencia obedecen a iniciativa de las guerrillas. Los dos bandos continúan disputándose el dominio del oriente y del nororiente antioqueño, recurriendo al terror y produciendo desplazamiento de la población, sin que el Ejército logre controlar la situación; lo mismo ocurre en Nariño.

Se ha comprobado en múltiples circunstancias que se mantiene la colusión entre el Ejército y los paramilitares. Estos últimos han participado en operaciones de limpieza en las comunas de Medellín y en acciones y combates en Arauca. Se dan otros ejemplos menos publicitados: en la Navidad de 2002 un grupo de unos 400 paramilitares se instaló en el corregimiento de Micoahumado (municipio de Morales) muy cerca de una base militar. Procuraban hacer retroceder todavía más al ELN de una zona en la que había tenido una presencia histórica, así como asegurar su dominio sobre la serranía de San Lucas, rica en cultivos de coca y en oro. Si bien fue la intervención de la Iglesia la que los hizo retirarse después de varios días, no puede decirse que se hayan visto frenados en su expansión, que se sigue dando en zonas históricas de las FARC, como Viotá, en Cundinamarca, donde hubo una racha de asesinatos en mayo y junio de 2003.

El afianzamiento de los paramilitares no consiste en la multiplicación de sus bloques. En muchas regiones los paramilitares han establecido una verdadera hegemonía. Es el caso de Córdoba y Urabá, donde la adhesión en 1992 de un número de antiguos guerrilleros del EPL, seguida de ex guerrilleros del ELN, aunque más reducida, puso de presente el apoyo de amplios sectores a las AUC. A la hora de examinar su presencia, la intimidación no es entonces lo único que se debe tener en cuenta. Las AUC han desarrollado algunos programas sociales y han llegado a redistribuir tierra en sus regiones. Ya mencionamos el caso, más espectacular todavía, de Barrancabermeja, prácticamente "coadministrada" por las autodefensas.

Al lado de grupos explícitamente paramilitares, algunos sectores de la población —propietarios agrarios y comerciantes— se organizan cada vez más para hacer frente a los secuestros y a las exacciones de las guerrillas.

Y esto puede ser en últimas lo que subyace a la eventual reorientación de las AUC: el paramilitarismo cuenta ya con unas bases sociales suficientes como para prescindir del terror en algunas regiones. Es posible que estemos asistiendo a la reconversión de los paramilitares a favor de las conversaciones con el gobierno. Una parte de ellos tendría la misión de someter a la población sin recurrir de manera abierta a la fuerza. Se abriría así un proceso de "paramilitarización silenciosa" de la sociedad.

El proyecto de movilización de los civiles impulsado por Uribe Vélez es susceptible de ir en el sentido de esa reconversión. Si el gobierno no toma las precauciones necesarias, muchos paramilitares podrían deslizarse en las filas de "cooperantes", "informantes" y demás "soldados campesinos". El fenómeno de las Convivir se reproduciría, pero a una escala mucho mayor. El defensor del pueblo ha expresado ya sus temores al respecto.

El avance de las conversaciones implica, así mismo, que el Estado asumirá en verdad la seguridad de las regiones que están bajo control paramilitar. En el memorando citado, las AUC hacen hincapié en ese punto, reclamando inversiones… y presencia militar. En dicho memorando los paramilitares insisten en que tendrán el derecho a "la legítima defensa" en caso de que el Estado no pueda asegurar su protección. Pero sabemos que el Estado se encuentra lejos de tener los recursos para asegurar su presencia por doquier. El riesgo es, entonces, que los esfuerzos del Estado se dirijan prioritariamente hacia las zonas "pacificadas", que de hecho son las zonas bajo hegemonía paramilitar. Si ese fuera el caso, la complementariedad entre la acción del Estado y un control paramilitar "civilizado" no dejaría de ser preocupante; equivaldría a que el Estado renunciara al monopolio de su autoridad.

9

¿Ni una hectárea de coca dentro de tres años?

¿Puede ganarse la apuesta que hizo el gobierno acerca de una rápida erradicación de los cultivos de coca y amapola? Con el concurso de Estados Unidos, el gobierno está aplicando un programa de erradicación de esos cultivos a una escala sin precedentes. Nunca antes las fumigaciones habían tenido la amplitud que tienen desde agosto de 2002. Incluso, con el fin de hacerlas más eficaces, la propia dosis de productos químicos se ha aumentado de modo significativo, pese a algunas advertencias.

Los resultados oficiales

Según cifras oficiales, los resultados de la erradicación han sido positivos. En marzo de 2003, la Agencia de Control de Drogas y Prevención del Crimen de la ONU indicó que el año anterior la superficie cultivada había disminuido en un 29,5%. De 160.000 hectáreas en el año 2000 se pasó a 144.000 en 2001 y a 102.000 en 2002. Y por primera vez, se subraya en el mismo informe, la superficie fumigada superó la de cultivos existentes. Los cultivos controlados por los paramilitares se han visto tan afectados como los que controla la guerrilla. En cuanto a la amapola, que existe sobre todo en zonas bajo el control de la guerrilla, subsistirían tan sólo unas 4.233 hectáreas.

Los resultados son especialmente favorables en aquellos departamentos que hasta hace poco eran los más productivos. En Putumayo, donde se contabilizaban unas 60.000 hectáreas en el año 2000, no quedan sino unas 14.000. En Caquetá, de 14.000 hectáreas en 2001 se habría pasado a 8.000 en 2002.

Sin embargo, si se miran con más cuidado, los resultados no son del todo satisfactorios. No es difícil constatar que el ritmo de reducción de los cultivos está lejos de seguir el de las fumigaciones. En total, desde 1984 se han fumigado unas 800.000 hectáreas, lo que no han impedido el crecimiento de la superficie cultivada hasta hace poco. En todo caso, en el año 2002 los cultivos no parecían haber disminuido en todas partes. Se han incrementado en un 7,2% en Guaviare (27.381 hectáreas), también en Arauca (las cifras oficiales hablan de 2.000 hectáreas, pero las oficiosas se refieren a 10.000 o 12.000 hectáreas) y han dado un verdadero salto en departamentos como Nariño, donde la superficie se duplicó en apenas un año (15.131 hectáreas). Esto parece dar razón a la tesis de que esta clase de cultivos tiende, sobre todo, a desplazarse. Adicionalmente nos demuestra que se desplazan al mismo tiempo y por la misma geografía del conflicto armado, con la importancia que por ejemplo han adquirido Arauca y Nariño al transformarse simultáneamente en zona de conflicto agudo y de cultivo de coca.

Todas esas evaluaciones y cálculos deben tomarse con mucha cautela. Las autoridades nacionales y regionales, por una parte[1], y

---

[1] Una polémica entre el ministro del Interior y el gobernador de Putumayo tuvo lugar a comienzos de 2003: mientras que el primero afirmaba que tan sólo quedaban en el departamento 14.000 hectáreas, el segundo afirmaba que seguían existiendo unas 30.000.

las distintas agencias estadounidenses, por la otra, ofrecen cifras muy distintas[2]. Aun así la tendencia global a la disminución parece irrefutable. El gobierno colombiano prometió, por su parte, incrementar las medidas de erradicación hasta alcanzar 200.000 hectáreas en el año 2003.

Tengamos en cuenta que la reducción de las superficies cultivadas no equivale a la disminución de la producción. Los rendimientos por cada planta pueden, en efecto, haber aumentado. Según algunos expertos, se han multiplicado cinco veces o más. La narcoeconomía tiene así un gran futuro.

El gobierno ha renunciado casi por completo a las medidas de erradicación manual. Por lo general habían sido mejor aceptadas por las ONG y por los colonos, y también por la Unión Europea, que se refiere a éxitos anteriores de ese método en Bolivia y en el departamento del Cauca, aunque como método de erradicación no está exento de dificultades[3].

Si al fin de cuentas se ha optado por la fumigación es porque permite cubrir grandes superficies en corto tiempo, pese a la colérica reacción de los colonos de las áreas fumigadas por el perjuicio a sus tierras y cultivos de pancoger. En todo caso, los anunciados programas de "sustitución de cultivos" tardan en concretarse. Además de la insuficiencia de fondos para su financiamiento, es iluso pensar que cultivos de hortalizas o productos comerciales podrán desarrollarse en las regiones amazónicas, carentes por lo general de vías de transporte y con suelos muy frágiles. El gobierno de Uribe propone una vez más convertir a los colonos en guardabosques, pero a sabiendas de que con ello no se podrá crear empleos suficientes. El único remedio sería la reubicación de una parte de

---

[2] A comienzos de 2003, el Departamento de Estado hablaba de 130.000 hectáreas, en tanto que una agencia antidroga mencionaba 170.000.

[3] En varios casos se ha comprobado que los cultivadores una vez que reciben la subvención correspondiente siembran nuevos cultivos en zonas adyacentes.

los colonos en tierras facilmente cultivables, mediante programas de reforma agraria.

Pese a todo ya no se dan protestas masivas comparables a las marchas de Caquetá de 1995 y 1996. Las FARC tuvieron éxito en paralizar varias zonas de Putumayo mediante la táctica del "paro armado", pero fue la población la que pagó las consecuencias. Y los riesgos que se corren tras la llegada de los paramilitares son mucho mayores. El gobierno y sus planes podrían enfrentar todavía una gran resistencia —y muy peligrosa— en Arauca, donde los cultivos son dispersos y donde guerrillas y paramilitares se disputan arduamente los tributos de los colonos. La situación ya es explosiva, pero puede llegar a ser incontrolable.

Y aunque la extensión de los cultivos siguiera reduciéndose, la erradicación total no se conseguiría de un día a otro y el fenómeno del desplazamiento de los cultivos por el territorio colombiano proseguiría[4].

Los efectos para los actores fuera de la ley

La esperanza del gobierno y de los asesores estadounidenses es que al disminuir la producción se vaya agotando la principal fuente de recursos financieros para la guerrilla. Pero aun sin tener en cuenta la parte que corresponde a los paramilitares, dicho cálculo no toma en cuenta que las FARC no dependen tan sólo del impuesto cobrado a los colonos, el famoso "gramaje". Desde hace dos años las FARC han expulsado de sus zonas a los intermediarios (los "traquetos") que se encargaban del transporte de la "mercancía" desde los cultivadores hacia los narcotraficantes-exportadores. Han asumido directamente esa función y por ende las ganancias que genera. Más aún, las FARC poseen sus propios laboratorios, o los

---

[4] Para mayor satisfacción de Estados Unidos, el desplazamiento de los cultivos de Colombia hacia Bolivia o Perú tiene una amplitud muy limitada.

tienen en cogestión con los narcotraficantes, lo que sigue contribuyendo a su financiación y a su capacidad de controlar la mayor parte de los eslabones de la cadena, a excepción de la que genera más ganancia, la exportación y distribución a los consumidores[5].

El control de la comercialización interna no se ha logrado sin hacer mella en la relación que tenían las FARC con los cultivadores. Han llegado a fijar el precio de compra con el riesgo de que los cultivadores se sientan lesionados (sobre todo desde que los precios tienden a la baja desde hace unos años) o no vean en la guerrilla sino a una gran central de compra, ya no un poder que los proteja. Las FARC no hacen nada por apoyar los planes de erradicación manual, por el contrario, los prohíben e interfieren la acción de las ONG y de los funcionarios que promueven o están a cargo de esos planes. Eso también puede ser parte de la explicación de por qué esos movimientos de protesta están en retroceso.

La rabia de los colonos

No hay que sacar conclusiones precipitadas de dicho retroceso. En realidad las oposiciones son numerosas; los gobernadores de los departamentos involucrados formaron a fines de 2002 un frente de rechazo a las fumigaciones y propiciaron acercamientos con la Unión Europea. En ese momento las múltiples quejas de los pobladores llegaron a la Defensoría del Pueblo, que solicitó de modo reiterado la suspensión de las fumigaciones[6]. Por otro lado, la destrucción de los cultivos refuerza el clima de descomposición social. Durante los primeros siete meses de 2002 se registraron en Putumayo 307 asesinatos, 50% más que en el mismo período del año anterior.

---

[5] No hay que descartar, sin embargo, que estén controlando ya algunas de las rutas secundarias de exportación: a través de Venezuela y Brasil.

[6] El 9 de diciembre de 2002 la Defensoría dio cuenta de 6.500 quejas.

La población local experimenta sentimientos de rabia e injusticia. Una política de fumigación confiada a mercenarios extranjeros —las operaciones son subcontratadas con una compañía privada estadounidense, la Dyncorps, y son sus pilotos los que manejan los helicópteros— y realizada sin mayores consideraciones por la supervivencia económica de miles de familias ni por los "efectos colaterales" sobre el medio o la salud de los habitantes y que ha afectado zonas que se habían definido antes como de erradicación manual, incluyendo territorios indígenas, no puede sino incrementar la cólera contra un gobierno central distante, y frente a una "legalidad" impuesta desde fuera es posible que termine legitimando todas las ilegalidades. Como no está acompañada de un proyecto de reintegración social y política, termina revistiendo el carácter de un castigo colectivo contra "los de abajo" y alimenta, así mismo, el resentimiento contra Estados Unidos, que, por cierto, prometió una ayuda de 250 millones de dólares entre 2000 y 2005 para la sustitución de cultivos. Esta ayuda ha tardado en materializarse y se diluye en proyectos que casi no se ven.Además, los campesinos no dejan de expresar su extrañeza frente al hecho de que Estados Unidos no usa los mismos procedimientos cuando se trata de sus propios cultivadores de marihuana[7] y sigue tolerando paraísos fiscales que acogen capitales del narcotráfico.

Los traficantes

El gobierno parece también tener dificultades para desmantelar las redes colombianas de narcotraficantes. Sin duda, el gobierno de Uribe se ha esforzado en acentuar la lucha contra los capos. Su furor en contra de la legislación de reducción de penas que permitió en 2002 la salida anticipada de su prisión a Gilberto Rodrí-

[7] No hay un colono que ignore que tras haber destruido los cultivos colombianos de marihuana, los dejaron establecerse en California y en otras partes.

guez Orejuela, la figura principal del Cartel de Cali, es prueba de ello[8]. Ha multiplicado las decisiones de extradición hacia Estados Unidos tanto contra peces gordos como contra medianos narcotraficantes (es prematuro saber si la nueva ley de confiscación de bienes, concebida para perseguirlos, va a ser eficaz). Las redes de narcotraficantes, por su parte, procuran adaptarse a las circunstancias. Los grandes carteles han desaparecido, pero con un perfil más bajo, las organizaciones de Cali y Medellín tienen todavía muchas ramificaciones; la del Norte del Valle parece más poderosa que nunca y su jefe, Don Diego, está a la cabeza de grupos paramilitares. Los nacotraficantes controlan todavía millones de hectáreas de tierra, y en esas condiciones están más asociados que nunca con el paramilitarismo. Como lo sugerimos antes, es probable que las negociaciones del gobierno con los paramilitares puedan, en el mejor de los casos, otorgarles ventaja a algunos de estos grupos.

Cuando se describe un conflicto como el colombiano, se tiende a dejar un tanto en la sombra el papel de los narcotraficantes. Son en verdad uno de los actores más poderosos del conflicto. Más allá de su peso político, sea por intermedio de los paramilitares o no, y de su contribución a la corrupción de las instituciones, continúan reproduciendo las condiciones de la guerra y sosteniendo una cooperación, al menos comercial, con unos y otros, haciéndola más confusa aún, e interminable.

---

[8] El ministro del Interior, Fernando Londoño, no vaciló en hacer toda clase de acusaciones contra el juez que tomó la decisión, conforme a las disposiciones vigentes.

10

La sociedad civil y la cuestión de los derechos humanos

En una de las declaraciones improvisadas a las que es tan aficionado el ministro del Interior, Fernando Londoño, se refería poco después de la formación del nuevo gobierno a las ONG, atribuyéndoles simpatías con las guerrillas[1]. Dicha aseveración es muy discutible, pero lo que sí es cierto es que muchas de ellas no ocultan sus críticas hacia la acción gubernamental. A mediados de junio de 2003 Álvaro Uribe recibía oficialmente a las ONG para abordar con ellas la cuestión de los derechos humanos, lo cual era una manera de evitar que adoptaran una actitud de oposición total.

La popularidad del gobierno no le ha impedido tener en cuenta a las organizaciones de la "sociedad civil", no porque dichas organizaciones ejerzan una influencia particularmente fuerte. En su mayoría, no disponen sino de vínculos muy frágiles con una sociedad

[1] En una entrevista aparecida en noviembre de 2002 en *The Wall Street Journal*, el fiscal general afirmó que las acusaciones que han hecho en su contra hacen parte de una guerra internacional en su contra por parte de las ONG, los países europeos y congresistas estadounidenses.

como la colombiana, privada de la posibilidad de expresión en razón del terror que ejercen los actores armados. Durante los gobiernos anteriores, las ONG tomaron partido ampliamente en favor de una solución política al conflicto. Aunque su visibilidad sea menor en estos momentos, no por ello han desistido de su militancia en contra de la escalada de la guerra.

Si por el momento el gobierno no debe temer que obstaculicen su política o que disminuyan el apoyo del que disfruta, no por ello puede olvidarlas por completo. El eco en el exterior de las posiciones que adoptan no es en modo alguno desdeñable. En esa sociedad civil internacional en red que ha surgido en los últimos años, y en el seno de la cual las opiniones circulan de adentro hacia fuera y viceversa, los gobiernos nacionales no pueden dejar de lado a las organizaciones susceptibles de influir en los gobiernos extranjeros. Máxime tratándose de Estados Unidos, que pretende que su ayuda a Colombia dependa de la situación de los derechos humanos.

La precariedad de la "sociedad civil"

Se ha vuelto un lugar común el referirse a la precariedad del Estado colombiano. La precariedad de la sociedad civil no es menor, sino todo lo contrario. Una y otra corren parejas: la estructuración de la sociedad civil en gran medida está ligada con la solidez de las instituciones. Las potencialidades de la intervención de la primera pasan por las potencialidades de intervencion de las segundas. Ambas contribuyen a los modos de regulación normativa de una sociedad.

Dos han sido los momentos en que la temática de la sociedad civil se ha afirmado en América Latina. En principio, y frente a Estados autoritarios, fue portadora de la exigencia de democratización. Luego, frente a la crisis de representación política, la temática de la sociedad civil ha asumido las reivindicaciones de identidad y culturales mediante las cuales se define un nuevo pluralismo.

Colombia se ha librado de gobiernos autoritarios. No hay duda de que algunos de sus componentes se han manifestado, sobre todo durante el período presidencial de Turbay Ayala, pero el país ha estado lejos del tipo de dictaduras que se implantaron en el Cono Sur o en Centroamérica. Esto no ha impedido que se manifieste la demanda de democratización, si bien se trata ante todo de una demanda de reducción de las desigualdades. La debilidad de la oposición tiene alguna relación con las reglas políticas existentes, pero tiene que ver mucho más con la persistencia de la lucha armada.

La crisis de representación política, en cambio, es muy real, aunque no sea tan aguda como en algunos de los países vecinos. El "civilismo" al que nos referíamos antes ha contribuido a aminorar su impacto. No obstante, dicha crisis conduce a una profunda recomposición de las expresiones de la sociedad. Colombia ha sido durante mucho tiempo un país político, las afiliaciones, las sensibilidades, las clientelas se han construido mediante la relación con los partidos políticos. Si la extrema izquierda se ha constituido en gran medida en contra de esos vínculos políticos tradicionales, a su vez se ha entregado, a su manera, a una "hiperpolitización", y pese a sus proclamaciones en sentido contrario, poco se ha preocupado por las demandas sociales de la población.

El desmantelamiento de los partidos políticos deja en el presente el campo libre a otras formas de expresión. No hace falta más que constatar la reciente metamorfosis de todas las clases de élites en representantes de la sociedad civil: de los líderes gremiales a los dirigentes políticos tradicionales, de los altos responsables de la administración a los militantes de los movimientos sociales y los sindicatos, todos se han reconvertido en miembros de la sociedad civil.

Al reconocer la diversidad cultural y consolidar los derechos individuales y colectivos, la Constitución de 1991 le habría permitido a Colombia entrar de lleno en la era de las identidades y de la "política del reconocimiento" si la guerra no lo hubiera obstaculizado.

De hecho la guerra le ha conferido a la sociedad civil colombiana un rasgo particular: se ha definido por "la problemática de la paz". La Comisión Nacional de Reconciliación formada bajo la égida de la Iglesia, la movilización a favor del "Mandato por la Paz", Redepaz, la Asamblea Permanente de la Sociedad Civil por la Paz y muchas otras organizaciones se han constituido en torno de esa problemática. Esto ha permitido que los más diversos sectores, y en ocasiones los intereses más opuestos, se encuentren hombro a hombro: empresarios, sacerdotes, sindicalistas, ONG de derechos humanos, dirigentes comunistas[2].

Tal conjunción no puede ser sino ambigua. Mientras hubo un proceso de paz en curso, una retórica de la paz incesantemente repetida que llamara a "la reconciliación" y a la "justicia social" podía tener sentido. Dicha retórica se desplegó a fondo durante el gobierno de Pastrana. Pero su alcance era necesariamente limitado.

Tras las aparentes unanimidades se ocultaban divergencias profundas. Algunas de las organizaciones consideraban que el Estado tenía esencialmente la responsabilidad de la guerra y de las violaciones de los derechos humanos que la acompañan, otras enjuician al conjunto de los actores armados, en tanto que otras mantienen una gran ambivalencia al respecto. Si había acuerdo en denunciar las atrocidades de los paramilitares, las cometidas por las guerrillas resultaban minimizadas. Durante mucho tiempo era mal visto denunciar los secuestros cometidos por las guerrillas: se corría el riesgo de ser calificado de derechista. Sin olvidar

---

[2] Incluso asociaciones próximas a los paramilitares fueron admitidas en 2001 a las reuniones por la paz.

a aquellos sectores que hacen del oportunismo un arte, cuando no una virtud.

Esas divergencias no habrían sido tan graves si hubieran sido objeto de debates públicos argumentados, lo cual ha sido raramente el caso. Lo más común, de la misma manera que en la sociedad política, es que hayan sido objeto de conciliábulos a hurtadillas. En tales condiciones, y lejos de concurrir a la formación de un espacio público, muchas de las reuniones de la llamada sociedad civil sólo desembocaban en intentos de apropiarse del poco espacio de discusión existente.

La cohesión de la sociedad civil se sustenta entonces en las transacciones. Bajo el rótulo del "diálogo" las transacciones con la guerrilla se habían erigido en política para llegar a la paz. "Diálogo nacional", "diálogos regionales", "diálogos locales", todo ello invocado uno a uno o simultáneamente como solución. Era a menudo una manera de hacer a un lado (o aparentar hacerlo) la realidad de la guerra y de las divisiones. No se trata de negar la importancia que tales diálogos puedan tener para atenuar las tensiones, pero dejan intacto el problema de una verdadera salida al conflicto, y también el de los límites y las condiciones en que las transacciones son posibles.

Muy pocas veces se mencionaba la necesidad de reforzar la autoridad del Estado para enfrentar la difusión de los fenómenos de violencia. Los múltiples componentes de la sociedad civil tienen al menos en común la cultura política de la desconfianza hacia las instituciones. Organizaciones campesinas, empresarios y ONG se encuentran en ese terreno común.

En gran medida en razón de su propia historia, la Iglesia no se queda atrás en cuanto a dicha cultura política. Sobre todo durante varias décadas anteriores al Frente Nacional, a menudo estuvo en abierta competencia con el Estado y pretendió hacer prevalecer la idea de un orden político fundado no sobre los principios de la democracia política, sino sobre principios trascendentes. Remitiéndose a los teóricos del siglo XVI, algunas de las corrientes que la integraban reivindicaron durante mucho tiempo el "derecho de rebelión", no únicamente contra la tiranía, sino contra aquellos regímenes que no les gustaban[3]. Si hoy aprueba el sistema democrático, continúa ligada a una visión de consenso y de "justicia social" un tanto paternalista, que le hace difícil tener en cuenta las ineluctables divisiones de la sociedad en función de sus intereses o de sus valores.

La Iglesia ocupa un lugar central en el seno de la sociedad civil. Es la única institución presente en todos los ámbitos de la sociedad, desde el centro del país hasta el pueblo más pequeño. Los obispos pueden mantener contactos tanto con la guerrilla como con los paramilitares[4]. A pesar de la secularización que ha llegado a Colombia, la Iglesia inspira confianza a casi todo el mundo[5]. Pero ella también ha preconizado a menudo el recurso a las transacciones, cuando no a un pragmatismo considerable a nombre de la restauración del consenso. Por lo demás, a pesar de su posición privilegiada, tiene que enfrentar sus tensiones internas.

Sobre el fondo de ese pragmatismo hay que preguntarse no sólo por la contribución de la sociedad civil a la institucionalización de un espacio, sino también su capacidad para emitir una palabra pública fuerte y constante a propósito de lo tolerable y lo intolerable, lo negociable y lo no negociable, o simplemente para reintroducir lo ético en la política. La carencia de una palabra así es lo que le ha

---

[3] Como lo sostuvieron algunos obispos durante los años 1930 y 1940 frente al régimen liberal.

[4] Y a menudo son sacerdotes los que se encargan de llevar los rescates exigidos por las guerrillas a raíz de los secuestros. El respeto por la vida humana que implica esa acción no impide que valga la pena interrogarse si no significa una contribución involuntaria al sistema de los secuestros.

[5] No obstante, a la vez se ha vuelto blanco de los protagonistas de la violencia. Más de 50 sacerdotes, un arzobispo y un obispo han sido asesinados.

permitido al gobierno de Uribe obtener un apoyo tan vasto en cuanto invoca la necesidad de restaurar el principio de autoridad: no había nadie para disputarle la referencia a este pincipio.

El fin del proceso de paz de Pastrana hizo evidentes las insuficiencias de la retórica de la paz. La visibilidad de la sociedad civil se ve momentáneamente en retroceso.

El riesgo es que una parte de esa sociedad se vea atrapada en el clima de la polarización general. No faltan en su seno sectores que simpaticen con el gobierno, el cual deja escuchar ocasionalmente su llamado a que todos colaboren con la Fuerza Pública. En el curso de la reunión de junio, Álvaro Uribe provocó la reacción de las ONG al declarar que rechazaba la distinción entre combatientes y no combatientes, puesto que toda la poblacion debería estar del lado de las Fuerzas Armadas[6]. Por su parte las guerrillas, en particular las FARC, parecen decididas a provocar una ruptura en el seno de la sociedad civil con tal de no escuchar críticas cada vez más fuertes. Las FARC no han dado jamás su aval a la noción de sociedad civil, y no vacilan en presentarse a sí mismas como "la sociedad civil en armas".

Esta doble presión tal vez sea la prueba de que pese a su precariedad, la sociedad civil ha llegado a emanciparse progresivamente en el curso de la última década. Lo ha hecho evidentemente respecto de los viejos partidos políticos y también con relación a la influencia ideológica que, directa o indirectamente, pretendían ejercer las guerrillas sobre ella.

Si pese a todo la sociedad civil no ha llegado a tener más incidencia en los acontecimientos, no se le puede achacar la responsabilidad. La razón es ante todo la debilidad de los actores sociales y que una gran parte de la población ha sido tomada en calidad de

[6] Evidentemente las ONG pusieron el grito en el cielo, e invocaron contra el presidente los fundamentos del Derecho Internacional Humanitario

rehén bajo el efecto de la violencia. No hay que olvidar en ningún momento la gran cantidad de líderes populares y militantes de los derechos humanos que han perdido la vida o han tenido que exilarse. Las amenazas sobre las voces independientes están lejos de atenuarse. En enero afectaron a los antiguos miembros de la CRS, una disidencia del ELN desmovilizada desde 1994. En marzo el corresponsal de *El Tiempo* en Arauca fue asesinado y todos los periodistas locales han tenido que buscar refugio.

La autonomía conquistada por la sociedad civil es un hecho significativo que incomoda a todos los sectores. Sin embargo, es lo que puede contribuir a la posibilidad de una solución política.

La "otra sociedad"

La sociedad civil, la de las organizaciones y las redes, es ante todo una sociedad urbana y educada. En muchos aspectos sólo se representa a sí misma. En todo caso no representa sino de lejos a la sociedad directamente expuesta a la intervención de los actores armados. La distancia no es principalmente geográfica —las periferias urbanas no están lejos—, la principal distancia es ante todo social y cultural.

Aun así, esa "otra sociedad" no es ajena a la recomposición de las expresiones colectivas que mencionamos antes. En los años ochenta, los "movimientos cívicos", étnicos o de otra clase ayudaron a tomar distancia respecto de las tradicionales jerarquías políticas. La Constitución de 1991 contribuyó más todavía a ello con la afirmación del carácter pluricultural de Colombia. Las poblaciones indígenas se han apropiado de la posibilidad de hacer reconocer su identidad y las afrocolombianas han seguido el ejemplo, aunque con mayor dificultad. Han surgido igualmente corrientes feministas, movimientos locales y demandas de minorías locales.

Otras manifestaciones de cambios significativos son las nuevas solidaridades, más que todo donde prevalece un referente de identidad, que conducen a menudo a formas de "resistencia" frente a los protagonistas del conflicto. Las poblaciones indígenas de Cauca son las más ilustrativas al respecto, pero no faltan otros casos menos conocidos de organización defensiva. En una sociedad de intensa movilidad y mestizaje, el referente de identidad es a menudo frágil, pero los "activistas", sean locales o no, han logrado suplirlos en muchos casos sobre la base de reglas y objetivos comunes[7].

Muchas de esas tentativas han fracasado, así sea provisionalmente, y han sido acompañadas por numerosos asesinatos. No obstante, dan testimonio de la sorprendente capacidad de dar la cara de numerosos grupos sociales. A esto se añade un sentido de la ciudadanía que se afirma en algunas ciudades. Bogotá es la mejor prueba de ello. De Jaime Castro a Antanas Mockus, pasando por Enrique Peñalosa, los diversos alcaldes han transformado la gestión de la ciudad y han ayudado a gestar una cultura de la convivencia.

Pero queda "otra sociedad" más alejada aún: la de millones de desplazados y de personas sometidas al terror.

Se calcula la cifra de desplazados entre dos y tres millones. Poco importa la cifra exacta. Lo que cuenta es que Colombia es uno de los países más afectados por ese fenómeno que se ha agravado en los años recientes. Nunca la cantidad de desplazados había alcanzado un nivel tan alto como en 2002, cuando llegó a 312.000. Durante el primer trimestre de 2003 se calcula que 90.000 personas tuvieron que abandonar su residencia. El gobierno de Pastrana

[7] Y en eso la Iglesia ha desempeñado un gran papel. Por ejemplo lanzó la iniciativa de las "comunidades de paz". El padre Francisco de Roux dirige un programa internacional de desarrollo en el Magdalena Medio. Pero la iniciativa puede provenir también de dirigentes locales. En el oriente antioqueño hace varios años han intentado obtener de los actores armados el acatamiento a reglas de comportamiento.

intentó censarlos y, por medio de la Ley 387, procurarles asistencia. Pero muchos de los desplazados tratan de establecerse en las ciudades sin dejarse censar. Y ocurre que tienden a ser estigmatizados por los otros pobladores como si fueran cómplices de los actores armados. Algunos tratan de instalarse en la periferia de las grandes ciudades, otros procuran regresar a su sitio de partida, algunos son trashumantes. Son muchas las mujeres solas y con niños desprovistas de todo medio de subsistencia.

No puede hablarse de limpieza étnica, como en la antigua Yugoslavia, ni de fronteras territoriales. Son los azares de la geografía de los enfrentamientos los que determinan la salida. Los paramilitares tienen la mayor responsabilidad, pero las guerrillas tienen la tendencia a contribuir cada vez más a ello.

Aun cuando se instalen en las ciudades, los desplazados se reencuentran a menudo con las condiciones que determinaron su huida. En muchos casos los campamentos son controlados por los actores armados. Las guerras internas son frecuentes. En cuanto a los jóvenes, su inserción en las milicias o en diversas bandas aliadas con los diferentes grupos constituyen a menudo la única salida. Para otros la ley del silencio es la única manera de intentar la supervivencia. En todo caso la acción colectiva está prohibida.

Entre los desplazados y aquellos que se quedaron en la zona de enfrentamiento la diferencia es con frecuencia mínima. Estos últimos vienen siendo desplazados en potencia, aunque continúen viviendo en su tierra, pues han perdido la relación con su espacio habitual, deben contar con lo imprevisible que al mismo tiempo está "anunciado" y están obligados a plegarse a las normas contradictorias impuestas por los diversos poderes de facto locales[8].

---

[8] Véase mi ensayo "Configuraciones del espacio, del tiempo y de la subjetividad en un contexto de terror", en *Guerra contra la Sociedad*, Bogotá, Espasa, 2001.

Esta "otra sociedad" lo es de muchas maneras. Lo es porque reúne a una parte de los excluidos de siempre. Y lo es sobre todo por la dislocación de los vínculos sociales, la dependencia respecto de fuerzas oscuras y la imposibilidad de darle un sentido a la situación.

No se trata ya de una sociedad civil, sino de una sociedad "incivil" en la que el conflicto se revierte en las tensiones de cada día. El gobierno de Uribe no tiene ningún plan importante en relación con esta sociedad.

La cuestión de los derechos humanos

Colombia está en la mira de los organismos internacionales debido al problema de los derechos humanos.

Los informes de organismos como Amnistía Internacional o Human Rights Watch son siempre apabullantes, al igual que el informe anual de la Comisión de Derechos Humanos de la ONU. Pero lo que tiene una significación inquietante para el gobierno colombiano es que tales acusaciones son tomadas en cuenta por algunos miembros del Congreso estadounidense y por el Departamento de Estado[9]. El 31 de marzo de 2003, este último deploraba que el esfuerzo de Colombia en el campo de los derechos humanos fuera tan "pobre" y se refería, además, a los vínculos que mantenían militares y paramilitares, a la persistencia de la impunidad y a la arbitrariedad en las zonas de rehabilitación.

[9] Las autoridades estadounidenses no han disminuido su presión sobre el alto comandante del Ejército. Como se verá, han reducido su ayuda como consecuencia del escándalo que estalló en junio de 2003 a propósito del general Gabriel Ramón Díaz, comandante de la II Brigada cuestionado por vínculos con narcotraficantes y complicidad con el asesinato de informantes. El 4 de julio pidieron la salida del Comandante de la Fuerza Aérea, acusado de obstaculizar la investigación sobre un bombardeo a civiles en 1998.

En marzo del 2003 la oficina en Colombia del Alto Comisionado de la ONU para los Derechos Humanos, publicó su informe, en el cual denuncia las "graves violaciones, masivas y sistemáticas" de esos derechos en el curso del año 2002; violaciones que en muchos casos constituían crímenes de lesa humanidad.

No es nuestra intención resumir esos informes. Hemos tenido la ocasión de subrayar en los capítulos anteriores que aunque los militares ya no están implicados directamente más que en un número reducido de casos[10], y los paramilitares han renunciado a las grandes masacres, la colusión de unos y otros sigue vigente, y los paramilitares continúan practicando el asesinato selectivo. También hemos llamado la atención sobre el incremento de toda clase de crímenes perpetrados por las guerrillas.

Aquí se trata solamente de examinar la política del gobierno de Uribe en ese campo.

El presidente no ha dejado de proclamar su deseo de actuar conforme al Estado de derecho y de combatir todas las violaciones de los derechos humanos. Ha destacado la reducción, en el curso de los primeros meses de 2003, del número de asesinatos de sindicalistas y miembros de ONG.

Las medidas que ha tomado bajo el amparo del estado de conmoción han levantado muchas críticas. En especial las ONG de derechos humanos han cuestionado la conformación de redes de cooperantes y de unidades de soldados campesinos, así como las facultades atribuidas a la Fuerza Pública en las zonas de rehabilitación (allanamientos sin orden judicial, control de la movilización, incerceptaciones telefónicas, censo de pobladores). Los informes mencionados antes se hacen eco de tales inquietudes, sin mencio-

---

[10] La condena en diciembre del 2002 de un capitán y dos de sus subordinados por el intento de asesinato realizado dos años antes contra el dirigente sindical Wilson Borja es una confirmación más de la existencia de núcleos extremistas en el seno de las Fuerzas Armadas.

nar casos específicos de atrocidades cometidas en el marco de esas disposiciones.

Más preocupantes son las medidas que actualmente estudia el Congreso. Nos referimos antes al proyecto de libertad condicional para miembros de grupos ilegales, incluidos los culpables de delitos atroces. El proyecto, que en principio se dirige también a facilitar la desmovilización de los guerrilleros, parece asegurar la impunidad de hecho, si no de derecho, a los paramilitares[11] y a sus dirigentes.

El gobierno ha hecho igualmente un nuevo proyecto de "estatuto antiterrorista". Es una de las consecuencias de los atentados realizados por las FARC en el primer trimestre de 2003, y tiene buenos argumentos para sostener que la justicia colombiana dispone de menos posibilidades que la de muchos países democráticos[12]. Eso, pese a la guerra que afecta todo el territorio nacional. Aun así, muchas de las normas despiertan gran oposición en varios sectores, especialmente por las funciones de policía judicial que se le otorgan a la Fuerza Pública. La Corte Constitucional se pronunció desfavorablemente al respecto hace algunos meses, pero el gobierno ha hecho de ella una medida prioritaria[13].

Además, el estatuto retoma las medidas promulgadas en virtud del estado de conmoción interior (allanamientos y otras disposiciones sin orden judicial). Por último, el estatuto se aplica sin límite de duración y por lo tanto tiene una validez permanente. En el

---

[11] La libertad condicional no significa la exoneración de toda condena.

[12] El estatuto colombiano establece una prisión preventiva de 36 horas; en Francia la prisión preventiva por la sospecha de actos terroristas es de cuatro días y puede ser prorrogada. En Estados Unidos pudo comprobarse a raíz del 11 de septiembre que las garantías mínimas fueron burladas.

[13] Su principal argumento es que los fiscales no pueden estar presentes en el curso de las operaciones militares, y que en tales condiciones la Fuerza Pública no puede proceder al arresto de sospechosos.

Senado se le ha añadido una cláusula suplementaria para extenderlo no sólo a actos terroristas, sino a toda clase de crímenes.

Muchas de las cláusulas del estatuto tienen por qué suscitar inquietud, más aún después de la declaración hecha por Uribe según la cual no les da a los guerrilleros la calidad de combatientes[14]. En muchos aspectos parece anunciar un estado de excepción permanente. El clima mundial antiterrorista pudo sugerirle al presidente que está siguiendo una corriente más general. Pero uno de los méritos de Colombia para que no haya habido condenas más fuertes en su contra ha sido reivindicar su continua adhesión al Estado de derecho. Ello incluye las acciones encaminadas a obtener las certificaciones de Estados Unidos que, aunque dispuesto a recurrir a lo arbitrario cuando se trata de su propia seguridad, no lo tolera de sus protegidos.

Frente a una guerra con tantas dimensiones y tantos protagonistas, referirse a los derechos humanos suscita preguntas muy complejas. Atribuir toda la responsabilidad al Estado "por acción u omisión", según la expresión consagrada, aparece como un razonamiento muy simplista. Ciertamente el Estado tiene una gran responsabilidad en ese campo por no asumir a fondo el problema de la impunidad (menos del 5% de los crímenes dan lugar a una condena judicial), por no reformar con seriedad el sistema judicial apuntalando su autoridad y por la ineficacia de las Fuerzas Armadas frente a las organizaciones ilegales. Tampoco es posible callar la responsabilidad de las guerrillas, de los traficantes de droga y de las bandas urbanas. Hay que tener presente el conjunto de las manifestaciones de violencia cuando se trata de la degradación de los derechos humanos.

---

[14] En la ya citada reunión con las ONG en junio. Declaración tanto más paradójica porque se hizo en seguida de la afirmación mediante la cual el presidente parecía, a la inversa, asimilar a la población civil a la calidad de combatiente.

Por lo tanto, no es cierto que por el hecho de enumerar las deficiencias "estructurales" presentes en la sociedad colombiana se facilite la reflexión. En el informe ya citado del alto comisionado local se puede leer:

> En el análisis de la situación de los derechos económicos, sociales y culturales en Colombia, el informe da cuenta de problemas como el de la profunda exclusión económica y social, el del alto grado de pobreza y el de la amplia brecha de inequidad, manifestados en altos niveles de desempleo, cobertura insuficiente en el campo educativo, graves fallas en la prestación de los servicios de salud y seguridad social, y fuerte reducción del número de viviendas subsidiadas por el Estado.

Todo lo anterior es cierto. No obstante, queda por saber cómo se puede poner remedio a todos esos males en medio de la guerra.

Nos referimos antes a la necesidad de que la sociedad civil ponga por delante los criterios éticos. De modo complementario diríamos ahora que la defensa de los derechos humanos no puede darse aislada de una definición explícita de los principios de acción política. En un artículo publicado en 1980, un filósofo político francés subrayaba que los derechos del hombre no bastan para definir las opciones políticas[15]. Para tener más influencia, el lenguaje de los derechos políticos en Colombia debe, así mismo, estar seguido de la formulación de alternativas políticas.

---

[15] Marcel Gauchet, "Los derechos humanos no son una política", en *Le Débat*, juillet-août, 1980.

11
Midiendo fuerzas

UNA ESCALADA SIN SALIDA PREVISIBLE

En los actuales momentos, la política aparece ampliamente relegada a un segundo plano. Tanto el gobierno como la guerrilla están del todo entregados a modificar a su favor las relaciones de fuerza militar. Ninguno de los dos ignora que, según todas las probabilidades, tarde o temprano tendrán que regresar a la mesa de negociaciones, pero a la vez están convencidos de que esto requerirá una evolución de la situación militar. Todo lo demás está en función de ello, incluyendo la posibilidad de un acuerdo humanitario sobre los cautivos. La escalada está, más que nunca, a la orden del día.

Aun en el plano militar, la tendencia es a hacer prevalecer una línea general de división del tipo "amigo-enemigo". En ambas partes es perceptible el esfuerzo por reducir la influencia de aquellos protagonistas que buscan algún grado de autonomía. Las conversaciones del gobierno con los paramilitares pretenden conseguir, hasta donde sea factible, que éstos retornen al campo de la "legalidad". Estados Unidos ya ha prescindido de la diferencia entre la lucha contra la droga y la lucha contra las guerrillas. Los narcotraficantes ven cómo se reduce su margen de maniobra. Las bandas urbanas se alinean cada vez más de uno y otro lado. Al recurrir al terrorismo, las guerrillas terminaron por dar un paso más hacia la radicalización de la guerra.

Ni las Fuerzas Armadas ni la guerrilla han marcado puntos decisivos con sus acciones de los últimos meses. Por lo tanto, la escalada podría continuar durante cierto tiempo sin que la relación de fuerzas se modifique de forma muy significativa.

Como lo muestra la Figura 11.1, las pérdidas militares en el período 1995-2002 han sido importantes, y desde 1995 se sitúan en 750 efectivos por año. Lo cual equivale casi a la mitad de las pérdidas de las guerrillas.

Ejército y Polícia han mostrado una creciente eficacia para evitar atentados, pero sin impedirlos del todo. El despliegue de las

FIGURA 11.1 MUERTOS Y HERIDOS DE LA FUERZA PÚBLICA

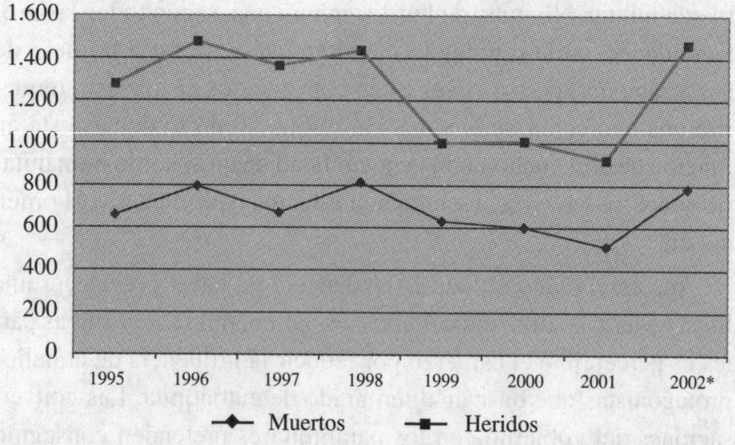

Fuente: Vicepresidencia de la República, Programa Presidencial de Derechos Humanos y DIH, *Colombia, situación de los derechos humanos y del DIH*, Bogotá, septiembre de 2002.

redes de informantes puede ayudarlos a reforzar su presión sobre ciertos sectores de la guerrilla. A su turno, las guerrillas están en capacidad de poner en dificultades al régimen el día en que puedan asociar a gran escala operaciones rurales con terrorismo urbano.

En verdad la política parece momentáneamente relegada a un segundo plano. Tal vez sea superfluo aludir aquí a Clausewitz para subrayar que las relaciones de fuerza en lo militar no tienen sentido si no están al servicio de objetivos políticos.

Son claros los objetivos políticos del gobierno a corto plazo. Consisten en deslegitimar más todavía a las guerrillas imputándoles la responsabilidad de la violencia. El discurso pronunciado en Villavicencio el 15 de abril de 2003 por Álvaro Uribe indica un nuevo endurecimiento de la política oficial: el presidente trató allí a las guerrillas de "caterva de bandidos que no podemos aceptar que siga abusando de la patria", y añadió: "No llegaremos de rodillas ante ellos pidiendo que le perdonen a Colombia". Y ése será el tono que se empleará de ahí en adelante[1]. Los objetivos políticos a corto plazo de la guerrilla no son menos evidentes: deslegitimar más aún al régimen impulsándolo al autoritarismo y a las medidas de excepción; desde ese punto de vista el terrorismo no es más que un arma política para provocar un deslizamiento en esa dirección, lo que tendría las más graves consecuencias. Pero tanto en uno como en otro caso, es más difícil ver los objetivos a largo plazo. El gobierno no ha logrado formular un programa que convenza a la sociedad de comprometerse a un cambio social y político de gran envergadura. Las guerrillas no han logrado precisar qué significa su demanda de poder ni qué implicaría para la democracia.

---

[1] El 15 de junio, ante una promoción de soldados campesinos, afirmó refiriéndose a la guerrilla: "Yo no los reconozco como combatientes, los señalo como terroristas". En una entrevista con *El Espectador* el 29 de junio aseveró que frente al terrorismo "Uno tiene que tomar decisiones en la vida, entonces cuando uno está resuelto, poco calcula, uno está jugado, ya no hay cálculo, sólo convicción".

Tres preguntas básicas son ineludibles a esta altura del análisis: ¿dónde radican las posibilidades de negociación?, ¿qué quieren las FARC?, ¿cuáles son los escenarios de evolución del conflicto?

Las negociaciones: bloqueadas

No volveremos a las negociaciones en curso con los paramilitares. Nos ocuparemos únicamente de las conversaciones con las guerrillas.

Uribe ha dejado la puerta abierta a esas negociaciones. A propósito basta recordar la mención que hizo en su discurso de posesión al papel que podría cumplir la ONU. En febrero de 2003, el presidente se reunió con la Conferencia Episcopal y le dio su consentimiento a las tentativas de "conciliación".

En principio, Uribe había considerado confiar a la Iglesia los contactos con los paramilitares; a los "países amigos", los contactos con el ELN, y a la ONU, los contactos con las FARC; una distribución que bien pronto se vio que no podía funcionar. En cuanto a la Iglesia, ésta quería, más bien, propiciar soluciones con cada uno de los actores.

Así como Álvaro Uribe está resuelto a intervenir en la dirección de los asuntos militares, insiste en tener entre sus manos la gestión que eventualmente pudiera llevar a una negociación. No es por azar que, a diferencia de sus antecesores, pródigos en declaraciones, el comisionado de paz, Luis Carlos Restrepo, mantiene un silencio público casi permanente: se trata de mostrar que el presidente asume de lleno las decisiones en esa materia.

En ese contexto pesa el hecho de que Uribe Vélez haya puesto dos condiciones para el inicio de verdaderas negociaciones: primero, un cese al fuego de las guerrillas acompañado del fin de los secuestros y otras prácticas contrarias al Derecho Internacional Humanitario; segundo, el no otorgamiento de otra zona desmilitarizada, o en todo caso, no una zona con el carácter que tuvo la concedida por Pastrana, que implicó casi el reconocimiento de una soberanía de las FARC sobre ella. Condiciones que las guerrillas no parecen dipuestas a aceptar.

Los contactos, se reducen, entonces, a muy poca cosa. El comisionado de paz, Luis Carlos Restrepo, mantiene contactos indirectos con las FARC y el ELN. Por su parte, James Lemoyne representante de Kofi Annan, mantiene discretos intercambios con las FARC, pero se expuso en mayo a una fuerte reacción del gobierno por declaraciones dadas a la prensa: contradijo muchas de las declaraciones gubernamentales al afirmar que las FARC tienen un proyecto político y no pueden ser asimiladas a los narcotraficantes y que el ELN se sentía traicionado por el comportamiento de Pastrana. En cambio, negó a los paramilitares la calidad de actor político, y aseguró que había vínculos entre ellos y las Fuerzas Armadas. Por último, llamó al gobierno a emprender reformas sociales. Todas estas afirmaciones suscitaron una seca respuesta del gobierno[2]. Sin embargo, al solicitar reiteradamente la intervención de la ONU, Uribe mantiene una posición ambigua. En junio, en el curso de una visita oficial a Costa Rica, deploró que la ONU hiciera "tan poquito" por Colombia, añadiendo: "A ratos las Naciones Unidas dan la impresión de que le tienen miedo a la descalificación que los grupos violentos le hagan". Una declaración semejante no está hecha evidentemente para permitir los buenos oficios de la organización internacional y no deja de evocar el tono condescendiente de los neoconservadores estadounidenses al respecto.

---

[2] De hecho, las declaraciones de Lemoyne fueron más matizadas. Pidió gestos a las FARC: pruebas de supervivencia de los secuestrados, aceptar contactos directos, considerar un cese al fuego; e implicitamente reconoció la degradación de este grupo diciendo que "cuentan todavía con 1.200 militantes políticos" y que por lo tanto la mayoría de combatientes no tiene ese carácter.

Por su parte, las FARC continúan rechazando una verdadera mediación de la ONU, es decir, las posibilidades de diálogo son singularmente escasas.

Ocasionalmente se mantienen intercambios con el ELN y las FARC mediante correo electrónico. Se trata, sin embargo, de unos hilos muy delgados que fácilmente pueden romperse.

Los contactos con el ELN

Durante mucho tiempo la atención que prestaron Pastrana y su administración a los contactos con el ELN fue menor, y las interrupciones fueron continuas. Sólo al final de su mandato, cuando las posibilidades de un acuerdo con las FARC se hicieron más y más débiles, se convenció de la importancia que tendría un acuerdo con el ELN. Pero de nuevo las dudas acerca de la sinceridad de este grupo surgieron de inmediato, y el 31 de mayo de 2002 el propio Pastrana rompía los contactos, para sorpresa —por lo que parece— del ELN y de los "países amigos" (Cuba, España, Francia, Noruega y Suiza), así como de los miembros de la llamada "sociedad civil" que se reúnen en la Comisión de Facilitación.

Da la impresión de que, por su parte, Álvaro Uribe esperaba que se diera una negociación con el ELN. Al estar de momento excluidas las perspectivas de negociaciones de paz con las FARC, sería por demás una manera de demostrar que, a pesar de todo, está abierto a la idea de una resolución pacífica del conflicto. Pero hay una razón más importante: el hecho de entablar conversaciones con los paramilitares fácilmente conduce a que lo acusen de "parcialidad" a favor de uno de los grupos en contienda. Los avances de las discusiones con el ELN lo pondrían al abrigo de esa sospecha, y constituirían un argumento poderoso para asegurar el apoyo internacional a su posición frente a las FARC.

No es entonces una sorpresa que se haya mostrado favorable a la continuación de conversaciones en Cuba. Varios encuentros se sostuvieron a lo largo del segundo semestre de 2002 y el Comisionado de Paz participó en ellos. Continúan los contactos más o menos informales con los dos responsables del ELN detenidos en la carcel de Itagüí. Incluso a comienzos de 2003, Uribe Vélez solicitó a los países amigos que intentaran preservar una posibilidad de diálogo a través de La Habana.

Sin embargo, el 24 de diciembre de 2002 el ELN le dio gran despliegue al rompimiento de las conversaciones y acusó al gobierno de haber optado por la escalada militar y de continuar bloqueando el proyecto de una "convención nacional con la sociedad civil"[3]. A lo cual Álvaro Uribe replicó que el ELN, lejos de contemplar un acuerdo, está cada vez más aliado con las FARC para ampliar el conflicto armado. De hecho sostener las oportunidades de conversaciones separadas con el ELN son cada vez más reducidas.

Es cierto que el ELN tiene un potencial militar limitado, y que los paramilitares han destruido muchos de sus bastiones, comenzando por el del Magdalena Medio. Sus recursos financieros no se pueden comparar con los de las FARC, pese a los secuestros, al petróleo y, cada vez más, a lo que extrae de la coca. Aun así el ELN es capaz todavía de desarrollar acciones considerables, solo o en alianza con las FARC.

En todo caso, las perspectivas de una negociación separada son problemáticas. Y ahí está la experiencia con el EPL en 1991 para recordarnos que las FARC no hacen precisamente regalos a los grupos que abandonan la lucha armada. Es probable, entonces, que en dicha hipótesis la mayor parte de miembros del ELN estén obligados a unirse a las FARC o a los paramilitares, o inclu-

[3] "Su concepción autoritaria no deja espacio a la sociedad colombiana, ni reconoce su derecho a ser artífice de la construcción de la paz" (comunicado del 24 de diciembre).

so a las filas de la delincuencia común, para garantizar su supervivencia.

La cohesión política de esta organización no es menos frágil que su potencial militar. El Frente Domingo Laín, asentado en Arauca, ha tenido siempre la tendencia a hacer toldo aparte. Algunas de las divergencias entre los comandantes han salido a la luz pública. Frente a Pedro Beltrán y a los dos prisioneros de Itagüí —Francisco Galán y Felipe Torres—, que parecen más favorables a la búsqueda de un compromiso, Antonio García y Óscar Santos se muestran partidarios de una "línea dura", y Nicolás Rodríguez Bautista, el "primer comandante" nominal, no parece estar en condiciones de imponer su autoridad. El proyecto de "Convención Nacional", sobre el que el ELN ha depositado por mucho tiempo sus esperanzas, parece haber perdido buena parte de su atractivo después de la frustración de las "audiencias públicas" con las FARC. Aun aquellos vínculos que el ELN tejió durante años con las comunidades locales de sus áreas de influencia, muchas veces con el apoyo de los párrocos, tienden a debilitarse a medida que el terror se expande. Es decir, el ELN no tendría derecho a esperar un milagro entregando las armas.

Parece más factible entablar conversaciones acerca de un acuerdo humanitario con el ELN que con las FARC. Después del encuentro de Maguncia (Alemania) en 1998, en el que el ELN firmó un acuerdo parcial, ambiguo (y muchas veces burlado), ha dado la sensación de no ser indiferente a la cuestión. Aun si las conversaciones que se sostuvieran sólo condujeran a acuerdos en este terreno, sería un hecho que podría modificar el carácter del enfrentamiento. Puede ser más fácil crear lazos a través de conversaciones locales. A fines de junio, el presidente dio su aval a conversaciones en el Sur de Bolívar. Por débiles que sean tales hilos, no son desdeñables.

Los contactos con las FARC y la cuestión del derecho humanitario

Desde la ruptura de febrero del 2002 no ha habido contactos oficiales entre el gobierno y las FARC. Las comunicaciones, a distancia, conciernen tan sólo al asunto del "intercambio de prisioneros".

Como lo mencionamos, se trata del único tema que pareció merecer la atención del jefe de las FARC durante el proceso de paz, al punto que sobre él se desarrolló una negociación aparte. Para él no era importante llevar a cabo intercambios puntuales de prisioneros, como los que se habían efectuado ya[4], sino la aprobación de una "ley de intercambio permanente de prisioneros". Desde agosto de 2002 es una exigencia que plantea todavía con mayor énfasis.

La categoría de "prisioneros" tiene un contenido jurídico claro en el caso de los guerrilleros detenidos en las cárceles del Estado. Pero no lo puede tener en el caso de las personas que están en manos de las FARC, que sigue siendo una organización irregular. Aceptemos como parte de la discusión que pueda ser aplicada a los soldados y policías que estén en sus manos, pero es imposible que lo sea para el caso de los civiles que se hallan en su poder por el secuestro.

La propia clasifiación que establece las FARC al respecto hace las cosas más complicadas aún. Entre los civiles secuestrados una minoría es considerada como "políticos"; la gran mayo-

[4] En efecto, con antelación se han llevado a cabo intercambios de prisioneros:la primera vez, en Cartagena del Chairá, a fines del gobierno de Samper; una segunda vez entre secuestrados y prisioneros enfermos en el marco del "proceso de paz de Pastrana", en ambos casos en presencia de varios embajadores. Las FARC con posterioridad a ese segundo intercambio liberaron de manera unilateral a varios centenares de otros rehenes.

ría, como secuestrados "ordinarios" sujetos al pago de un rescate. En más de un caso las dos clasificaciones se superponen. Hay también rehenes que no aparecen en ninguna de estas dos categorías, los que probablemente ubican en una distinta. Por ejemplo, en el comunicado del 8 de febrero de 2003 difundido en internet, ya no incluyen a los cinco congresistas en la lista de canjeables políticos.

Las FARC tienen en su poder a una cincuentena de oficiales y suboficiales, algunos de ellos desde hace cuatro años o incluso más. Como se sabe, han multiplicado los secuestros políticos desde fines de 2001, entre ellos los de Íngrid Betancourt, Guillermo Gaviria y Gilberto Echaverri, y a pesar del asesinato de estos dos últimos en mayo de 2003, siguen disponiendo de un "capital" de unos 30 rehenes. Esas tomas de rehenes precisamente tenían por objeto obligar al gobierno a proceder a un intercambio y liberar así a sus miembros en prisión, que llegan a una cifra entre 350 y 600.

Sería arriesgado, sin embargo, pensar que el anterior sea el único propósito. No parece que entre sus prisioneros figuren más que algunos cuadros de mediana importancia[5]. Por lo demás, la ventaja que significaría la recuperación de esos centenares de prisioneros no guarda relación con el costo que se le infligió a su imagen internacional con el secuestro de Íngrid Betancourt y de otras personalidades, y de lo que se ha llegado a saber de las condiciones en las que permanecen detenidas. La toma de rehenes implica en algunos casos excepcionales un aspecto táctico-militar. Asegura una cierta seguridad a algunos núcleos de las FARC, pues las Fuerzas Armadas difícilmente pueden bombardear a ciegas las zonas donde se supone que hay rehenes políticos.

[5] Cuando las FARC se lo han propuesto, han logrado liberar a sus miembros en prisión, así sea mediante el ataque a las cárceles. Se cuentan por centenares las fugas logradas entre los años 2000 y 2001.

Si las FARC se inclinan de tal manera por una "ley de canje permanente" es porque probablemente esperan sacar ventajas políticas, y un intercambio podría ser un paso hacia cierto reconocimiento internacional. Pueden esperar una nueva zona de despeje aun con limitaciones, pero con el intercambio disponen sobre todo de un formidable medio de chantaje político sobre el gobierno. Éste difícilmente puede resistir las presiones de todo género que recibe para que se permita un "intercambio humanitario". Los parientes de los secuestrados tienden a hacer abstracción de la responsabilidad de la guerrilla y no cesan de tachar de "intransigencia" o de "inhumanidad" al Estado[6]. La cultura política de por sí conlleva un grado de desconfianza hacia las instituciones[7].

Es evidente que el gobierno no puede sino rechazar, sin más, la idea de una "ley permanente". Uribe Vélez en principio había propuesto que bajo la égida de la ONU se procediera, de una vez por todas, a un intercambio que incluyera a los rehenes "ordinarios", pero las FARC lo rechazaron. En el intento de desbloquear la situación, el gobierno creó en enero de 2003 una "comisión exploratoria" formada por personalidades de la sociedad civil y encargada

---

[6] Lo que sorprende, en cambio, es la toleracia de la sociedad civil colombiana y de la comunidad internacional hacia los secuestros. Su práctica denota un "sistema" equiparable al de los sistemas totalitarios. Lo arbitrario de las categorías de clasificación que mencionábamos, la dificultad de encausar judicialmente a los autores directos, la incertidumbre permanente sobre la suerte de los rehenes, el clima de intimidación que suscita en sus más próximos, son rasgos ampliamente descritos tanto por los especialistas como por los sobrevivientes de los campos de concentración y otros "gulags". El hecho de no sacar todo ello a la luz denota el imperio del eufemismo y un cierto grado de aprensión que resulta inherente a lo que pasa en Colombia.

[7] Basta con señalar que en sus reuniones y manifestaciones las esposas de los militares secuestrados lanzan consignas contra el Estado. Es cierto que los distintos gobiernos y los jefes militares se han mostrado poco preocupados por su suerte. Los soldados liberados en anteriores intercambios, por ejemplo, han sido abandonados a su suerte, cuando no tratados como sospechosos.

de sondear a las FARC acerca de otras fórmulas[8]. Pero la comisión no llegó a tener contactos con el Secretariado, y fue objeto de un rechazo total por las FARC el 8 de febrero, pues exigían que el gobierno nombrara representantes oficiales y desmilitarizara una zona para comenzar las conversaciones. Su comunicado decía lacónicamente: "Sin una zona desmilitarizada, la reunión entre las Comisiones del gobierno y las FARC no podrá llevarse a cabo". Para poner en mayores dificultades al gobierno, las FARC tomaron la delantera y nombraron tres representantes, mientras que el gobierno se limitaba a recordar que el presidente Uribe era el único a cargo de ese problema en la etapa actual. Pero las presiones de importantes sectores a favor de un intercambio no han dejado de incrementarse: además de las familias, cuatro ex presidentes, una parte del Congreso, la jerarquía eclesiástica y algunas ONG multiplicaban el llamado al gobierno para que entablara conversaciones. Los gobiernos europeos intervinieron en el mismo sentido.

El ministro francés de Asuntos Extranjeros no vaciló en visitar a Colombia a propósito del caso de Íngrid Betancourt y declaró que Francia estaba lista a recibir a los guerrilleros liberados[9]. Representantes de la Iglesia, de la ONU y de diversos países extranjeros intentaron desempeñar el papel de intermediarios. Por medio de los rehenes, las FARC encontraban un margen de maniobra política, en tanto que Uribe era objeto de múltiples críticas. Para que hubiera avances, estaba haciendo falta entonces que las FARC fuesen sensibles a la opinión pública y que el gobierno tuviera alguna

---

[8] La comisión estuvo conformada por el arzobispo de Tunja, monseñor Castro; el secretario de la Comisión de Conciliación de la Conferencia Episcopal, padre Echeverry, y el saliente ministro de Trabajo, Angelino Garzón (antiguo sindicalista y miembro del Polo Democrático).

[9] Lo que produjo un comunicado de las FARC, agradeciendo a Francia por su actitud, que según ellas contrastaba con la del gobierno colombiano hacia los secuestrados.

posibilidad de acción al respecto. El asesinato del gobernador de Antioquia y del ex ministro de Defensa en el curso del fallido intento de rescate puso brutalmente fin a la esperanza de un acuerdo humanitario en el corto plazo. De un solo golpe las FARC volvieron a perder el terreno político ganado e hicieron saber que reaccionarían de la misma manera a cualquier nueva tentativa de rescate por la fuerza[10]. Es claro que están dispuestas a todo para conservar su "capital" de rehenes. Por contera, la política de firmeza del presidente fue objeto de un nuevo y amplio consenso y el tema del intercambio se relegó a un segundo plano.

Entre tanto, en febrero, la captura de las FARC a agentes estadounidenses en misión de observación aérea sobre Caquetá les dio un medio de chantaje sobre Estados Unidos; las vastas operaciones de búsqueda lanzadas por la CIA y otros comandos especiales no han dado resultado. Podría entonces pensarse que pese a las declaraciones en sentido contrario, los responsables estadounidenses se esfuerzan en negociar discretamente. Sin embargo, nada ha pasado hasta ahora, e Iraq ha evitado que la atención de los medios de comunicación estadounidenses se ocupe de esta situación.

Al parecer, el comisionado de paz prosigue sus contactos discretos con las FARC. En algunas ocasiones ha afirmado que el proyecto de libertad condicional está destinado tanto a facilitar las discusiones con los paramilitares, como a permitir la conclusión de un acuerdo humanitario con las guerrillas. Se arriesga, en todo caso, a que el tiempo transcurra antes de que se entablen conversaciones formales, y otros dramas podrían convertirse en un obstáculo[11].

---

[10] Numerosas familias de secuestrados políticos, comenzado por la de Íngrid Betancourt, reiteraron después su rechazo a cualquier operación militar para liberar a los rehenes.

[11] El 24 de junio los medios se indignaban de nuevo por la muerte de una pareja de conocidas personalidades secuestradas por las FARC seis meses antes.

Y tal vez sea el problema de los secuestrados, al lado de los contactos con el ELN, la única vía para abordar el tema de la humanización del conflicto y de reabrir el diálogo para una salida política.

Hasta el momento ha sido, sobre todo, un medio por el cual las FARC sostienen un pulso con el gobierno; el chantaje con los rehenes es el medio que han hallado de ponerlo en aprietos.

¿QUÉ QUIEREN LAS FARC?

Cuando se les formula el interrogante, las FARC sólo tienen una respuesta: "el poder". No obstante, Raúl Reyes recientemente ha ampliado la respuesta:

> El objetivo de la lucha revolucionaria de las FARC es conquistar el poder político para gobernar a Colombia con el pueblo y en beneficio de sus intereses de clase. Las FARC-EP en su carácter de organización alzada en armas contra el Estado y su régimen político, desconocen la legitimidad de las leyes e instituciones de este régimen, y como tal la combaten mediante la combinación de todas las formas de lucha, hasta instaurar un nuevo Estado.[12]

Esta formulación se habría podido hacer, idéntica, en 1964, cuando se crearon las FARC, y recoge la referencia a "la combinación de todas las formas de lucha", expresión ideada por el Partido Comunista colombiano y que desde 1961 ha sido una de sus consignas centrales.

Como lo subrayamos al comienzo, hizo falta mucho tiempo para que las FARC salieran de su aislamiento en las zonas de colonización y dieran comienzo a una expansión notable. Claro que "la

---

¿Ocurrió durante un operativo de rescate, o con ocasión de un enfrentamiento entre militares y guerrilleros? Hay algunas dudas, pero la prensa ve en ello un nuevo obstáculo para el intercambio.

[12] Entrevista reproducida en *El Tiempo*, 21 de marzo del 2003.

toma del poder" figura ya en sus textos iniciales, pero hasta 1982 y 1983, con motivo de su 7.ª Conferencia como organización y del Pleno de sus comandantes que la siguió, convirtió la consigna en un objetivo definido y le señaló un plazo preciso. Jacobo Arenas, el estratega de la FARC, lo formuló así:

> Es un plan militar para 8 años que (una vez dadas las condiciones organizativas, políticas y militares) comenzará a desplegarse estratégicamente en dos fases y en que llegado el momento, se sumen a la acción insurreccional las grandes masas de las ciudades y en consecuencia se aseguren posiciones estratégicas con el fin de proclamar un gobierno revolucionario provisional.[13]

A partir de entonces, la fórmula se emplea con mayor o menor énfasis según la ocasión, y se utiliza insistentemente desde 1998.

Cuando las FARC afirman que "buscan el poder" se eximen de precisar qué entienden por ello. Tienen ya mucho poder local, pero en ninguna parte controlan "territorios liberados" ni han sentado las bases estables de un contra-Estado. En todo caso no parecen limitarse a obtener concesiones del régimen que se circunscriban a consagrar su influencia sobre zonas periféricas, y buscan cada vez menos su integración a la vida civil mediante reformas políticas pequeñas. Quieren garantizar una presencia en el seno de las instituciones centrales que les permita poner a punto aquellos cambios "estructurales" que figuran en su agenda, y aun si tienen que aliar-

---

[13] La cita está tomada del libro publicado en 1985 por Jacobo Arenas con el título *Cese el fuego. Una historia política de las FARC*. Era en verdad la época del cese al fuego, bajo el gobierno de Betancur, aunque en ningún momento Arenas se esforzó en disimular que la aceptación de las FARC del cese al fuego fuera algo más que una astucia en el camino al poder. Como lo dice en su libro, la mayoría de la gente interpretó el cese al fuego como si hubiera un cambio: "Sin embargo nosotros no vemos esas cosas como las ve la gente del común, porque como somos revolucionarios integrales, marxistas irreductibles, leninistas sin tacha, antiimperialistas de estatura no común, no vemos lo que ven las masas, ni lo vemos como lo ven las masas", p. 117.

se con otras fuerzas, quieren ejercer una cierta hegemonía. No se muestran inclinadas a seguir los pasos de la guerrilla salvadoreña, que ha obtenido éxitos políticos pero no ha logrado modificar realmente los desequilibrios de la sociedad. Y más todavía, tienen clara la necesidad de contar con garantías para que no se repitan aquellas situaciones en que tras algunos acuerdos no se ha logrado impedir la eliminación de sus cuadros. El recuerdo de la eliminación de la UP gravita en su memoria. A raíz de los primeros diálogos del Caguán, estaba presente ya la reforma de la institución militar como componente de cualquier acuerdo. La "conquista del poder" vendría siendo también, y ante todo, la conquista de condiciones que les permitan su supervivencia.

Las FARC son conscientes de que no pueden llegar a tales objetivos exclusivamente por la vía militar. Es en el plano de la política donde esperan poner en dificultades al régimen; no se trata entonces de reeditar "la toma del Palacio de Invierno de San Petersburgo". Su propósito es más bien propiciar una situación nacional catastrófica tal, que el régimen no tenga otra salida que negociar con ellas al precio que sea. De hecho siempre esperan que se produzca una conjunción entre la lucha militar y la "insurrección de masas".

Aun así, las FARC consideran que el panorama puede cambiar en cualquier momento. La profunda degradación de las condiciones de vida de la mayoría de la población desde 1997 engendra fenómenos de desorganización social cada vez más perceptibles. La drástica modificación de la legislación laboral y la anunciada congelación de los salarios afectan al conjunto de los sindicatos. Y tal vez sea la gota de agua que haga que el descontento se desborde.

Las FARC no están tan convencidas de que hayan perdido toda simpatía entre la población. Tienen como prueba de ello la afluencia a las "audiencias del Caguán" de todo tipo de asociaciones e individuos durante las conversaciones con el gobierno de Pastrana. En declaraciones recientes, Raúl Reyes no dudó en afirmar que "las FARC-EP se han ganado la inmensa simpatía y el apoyo real del 70% de la población"[14]. Es probable que Reyes sea consciente de la exageración, pero los líderes de las FARC están convencidos de que se encuentran en condiciones de recuperar un amplio apoyo si se presenta una coyuntura crítica. Un *impasse* institucional mayor, un vacío de poder, perturbaciones importantes y el miedo al terrorismo serían otros tantos factores a su favor. Una desestabilización podría producir otro "9 de abril" de consecuencias impredecibles[15]. En su opinión, la coyuntura mundial parece favorecer hasta cierto punto dichas predicciones; el "bolivarianismo" en la vecindad y las luchas contra el neoliberalismo, así como la imagnen negativa de Estados Unidos a raíz de la guerra de Iraq, tienden a corroborar sus predicciones.

Pero su táctica puede ser aún más simple: empujar al gobierno a tomar medidas de excepción que provoquen el rechazo de amplios sectores de la sociedad.

El hecho de que las FARC pongan siempre por delante "la toma del poder" no quiere decir, necesariamente, que hayan tenido una estrategia definida de antemano. No han concebido una especie de "guerra prolongada", como la llamaría Mao Tse Tung. Atribuirles algo así es dejar de lado las veleidades reformistas de su primera época y la superposición de lógicas de acción muy diversas en las etapas ulteriores, y también desdeñar lo que corresponde a las circunstancias y las ocasiones que han implicado continuas readecua-

---

[14] *El Tiempo*, 2 de marzo de 2003.

[15] Es todo un hito en la historia colombiana el estallido del Bogotazo, que siguió al asesinato de Gaitán, y en el que la multitud se tomó el centro de Bogotá durante cinco días e incendió muchas edificaciones oficiales. Se calculan 5.000 muertos.

ciones estratégicas. No estaban, por ejemplo, en condiciones de prever el auge de la economía de la droga ni la debilidad persistente de las Fuerzas Armadas y el poder creciente de los paramilitares. Las FARC han ido reaccionando de acuerdo con las circunstancias. No es cierto que hayan medido los costos del crecimiento de su capacidad militar. Sostener un ejército de 17.000 individuos es algo distinto de llevar a cabo una guerrilla campesina. Asegurar el futuro de este ejército es en sí misma una preocupación; si antes era un medio, ahora se transforma en un nuevo problema. Han debido, por lo tanto, redefinir sus objetivos en función de cómo han evolucionado sus medios y sus "cargas".

La cuestión, ahora y siempre, es la del contraste entre su poder militar y su credibilidad política. Y las FARC no pueden olvidar las desventajas con las que cuentan al respecto.

En el curso de las negociaciones con el gobierno de Pastrana dieron la prueba de su falta de sentido político. El Secretariado no parece dejar el mínimo espacio a cualquier tipo de debate interno. Los más "políticos", como Alfonso Cano, tuvieron que competir con el Mono Jojoy para encarnar una "línea dura". Ni siquiera hicieron gestos simbólicos para ganar la opinión y se comportaron como un poder burocrático-autoritario. Durante las "audiencias públicas", por ejemplo, impusieron un tiempo ultralimitado a cada delegación para exponer su punto de vista y prohibieron cualquier discusión.

Manuel Marulanda Vélez rehusó a último momento participar en la ceremonia de inauguración de las conversaciones en enero de 1999, a las que acudieron el presidente y un buen número de embajadores. Eso equivalió, mediante la ofensa de la "silla vacía"[16], a

---

[16] En sentido estricto Pastrana hizo su intervención ante una silla que Marulanda dejó vacía, argumentando el riesgo de un atentado en su contra. La excusa no engañó a nadie, menos aún si se sabía que Pastrana asumió el riesgo de ir en julio de 1998 al territorio de las FARC para hablar con su líder.

conferirle de manera deliberada al proceso de negociación el aspecto de algo fallido de antemano.

El discurso que preparó (y que fue leído por uno de sus lugartenientes) evocaba el contexto en el que habían surgido las FARC tras el bombardeo de Marquetalia en 1964. En la evocación que hacía el jefe de las FARC de "las gallinas y los marranos" que habían muerto en esa ocasión, se ha querido ver la prueba de su mentalidad campesina. Eso es cierto. Pero hay que destacar sobre todo la desconfianza que expresa de esta manera hacia las capas educadas, los intelectuales y, de forma más general, hacia el mundo urbano.

Las FARC no han olvidado tampoco una suerte de conmiseración o condescencencia con la que eran vistas ellas y el Partido Comunista en los años sesenta y setenta por las nuevas corrientes de la izquierda y por las nuevas organizaciones guerrilleras que surgieron. Les reprochaban su pasividad militar —¿no seguían preconizando acaso la "autodefensa"?— y su reformismo político. Muchos cuadros del M-19 y del EPL salieron de las filas de las FARC y una vez afuera no dejaban de subrayar sus diferencias. La alusión en su discurso al origen campesino de las FARC se dirigía también a esas corrientes y a esos grupos. Las FARC toman ahora su revancha y no dejan de subrayar la tendencia de éstos a desaparecer, cuando no a unirse al régimen, en tanto que ellas están dando prueba todos los días de que están en condiciones de poner en peligro a las instituciones.

En las FARC los "intelectuales" son vistos con suspicacia. Jaime Bateman, en algún tiempo cercano a Jacobo Arenas, antes de fundar el M-19, lo mencionaba a menudo. Alfonso Cano, quien cursó estudios de Antropología en la Universidad Nacional y hace parte del Secretariado desde hace muchos años, constituye una excepción. Negociador en Caracas en 1992, da la impresión de que no quiso asumir ese papel en 1998 y prefirió ponerse al frente del

Comando del Bloque Sur. Lo que cuenta para tener una influencia en la cúpula de las FARC son las pruebas dadas sobre el terreno. Joaquín Gómez, por ejemplo, deriva su autoridad de su aporte a los éxitos militares de 1995 a 1998. Iván Márquez, quien cuenta con una buena formación, ha sido enviado a recuperar Urabá.

Con mayor razón las FARC se muestran suspicaces hacia la izquierda "educada" que toma distancia de la lucha armada. Con frecuencia obligaron a los supervivientes de la UP a incorporarse a sus filas después de 1990, y no ocultan el poco aprecio que tienen por Jaime Caicedo, secretario general del Partido Comunista y egresado de la Universidad Nacional. Aun los líderes sindicales no les son gratos, a menos que se muestren totalmente obedientes. En cuanto a la "sociedad civil", ya vimos que les inspiran sentimientos más bien tibios. Las FARC parecen decididas a provocar rupturas en su seno con el fin de contar con simpatizantes más decididos.

Hay que tener en cuenta la cuota de resentimiento que está presente en la política de las FARC; resentimiento que no se dirige únicamente contra "la oligarquía", sino que abarca a la izquierda "civilista" y al conjunto del mundo urbano. Su ambición es adquirir el monopolio de la oposición al régimen, tanto de la armada como de la política.

Las FARC no han cesado, desde 1980, de dominar a las otras organizaciones guerrilleras. Mientras existió, la CGSB pretendió juntar en 1987 a las FARC, el ELN, el EPL, el M-19 y el Quintín Lame para coordinar la acción armada; pero la iniciativa no dejó de ser efímera en razón de la voluntad hegemónica de las FARC. Después de que renunciaran a las armas tres de las organizaciones mencionadas, las FARC ya no tenían con quién más competir que con el ELN. Con la absorción progresiva de esta organización, las FARC están a punto de lograr el objetivo de conseguir el monopolio de la oposición armada al régimen.

No han logrado, sin embargo, obtener del mismo modo el monopolio de la oposición política. Pese a sus limitaciones, la sociedad civil representa una especie de "izquierda civilista". El Polo Democrático obtuvo un estimulante resultado electoral en las elecciones de 2002. Con todo, esta oposición legal no ha logrado fortalecerse, y el actual clima de polarización juega en su contra. Al dividir los grupos de la sociedad civil y al desbordar al Polo Democrático, las FARC tal vez esperen obtener el monopolio de la oposición política. Desde hace tiempo multiplican sus comunicados para reafirmar su presencia en el plano de la política. A mediados de marzo, Marulanda lanzó su invitación a los generales para que pese a "las presiones del presidente de la República" discutieran directamente con ellos una salida política al conflicto, mensaje evidentemente destinado a causar impacto en la opinión. Poco despues el propio Marulanda se dirigió a las familias de los rehenes para ratificar su voluntad de un intercambio humanitario. En los últimos tiempos las FARC han multiplicado los comunicados de solidaridad con los trabajadores del sector público que afrontan licenciamientos y reestructuraciones de varias empresas del sector. Éstas son otras maneras de reagrupar a los sectores que rechazan la estrategia de firmeza de Uribe, y de encontrar de nuevo un mínimo de credibilidad política.

Suponiendo que las FARC tuvieran éxito en monopolizar la oposición civil y armada, no por ello desaparecerían sus desventajas políticas. La "vulgata" marxista que les sirve de doctrina, aun la reactualizada, no es como para hacerse ilusiones. Ni el Movimiento Bolivariano ni el Partido Comunista están en capacidad de obtener una cantidad importante de votos, salvo en algunos pocos municipios. Les sería menester imponer en la negociación un número suficiente de "circunscripciones especiales" que les asegurara una fuerte representación. Pero no disponen de suficientes cuadros formados que les permitan conformar un "gobierno alternativo" y no tienen suficientes aliados para llenar esos vacíos.

La "política del resentimiento" tiene fundamentos históricos. Pero después de 40 años se combina con una especie de inmovilismo político que les impide a las FARC delinear un nuevo horizonte de esperanza. Lo que se toma por paciencia de su parte a toda prueba, bien podría ser más bien falta de imaginación. Mantienen un fuerte grado de cohesión a la figura histórica de Marulanda, quien con sus setenta y dos años es el representante máximo de la trayectoria de la organización. El día en que les llegue a faltar tal líder no se da por cierto que logren preservar dicha cohesión. El carisma no es el punto fuerte del Mono Jojoy.

Las FARC ya no pueden jugar con el tiempo. El "compromiso histórico" que tal vez hayan deseado cada vez es más dificil de inventar. De ahora en adelante están concentradas en la prueba de fuerza con el gobierno de Uribe, es decir, en los próximos tres años.

La insurrección de masas que deseaba Jacobo Arenas no parece estar a la orden del día. Más bien la expansión de la lucha militar ha ido pareja con el repliegue de los movimientos sociales, y eso parece más cierto que nunca. La mayor parte de sindicatos agrarios está en desbandada, y las marchas campesinas contra la fumigación son raras. Los sindicatos urbanos apenas subsisten; un gran número de dirigentes sindicales han sido asesinados o se hallan en el exilio. La tasa global de sindicalización ha caído al 5% y la combatividad está en el nivel más bajo, sobre todo en el sector privado. Aun en el sector público, los sindicatos han perdido mucha de su capacidad reivindicativa. La privatizaciones y las reducciones se han aplicado sin resistencia. Si todavía pueden llevar a cabo manifestaciones defensivas, sólo excepcionalmente llegan a inquietar al gobierno. El conflicto armado ha hecho sentir sus efectos en las corrientes de izquierda. A fines del año 2002, la CUT, la principal confederación sindical, hasta entonces influenciada por la minoría comunista y por corrientes que simpatizaban con la lucha armada, pasó a ser controlada por representantes de la línea "socialdemócrata" encarnada ante todo por la amplia Fecode[17].

Al contrario de lo que creen las FARC, la profunda degradación de las condiciones de vida de la mayoría de la población, la drástica modificación de la legislación laboral y la anunciada congelación de los salarios no implican necesariamente una situación insurreccional. Crean, ante todo, una situación de desorganización social que puede conducir a la indiferencia política, cuando no a la *derechización*.

Algunos escenarios posibles

En el año 2001 la Rand Corporation intentó construir algunos escenarios posibles para la evolución del conflicto. Resultaron tan contradictorios que ante todo eran muestra de la perplejidad que suscitaba a los diversos analistas lo que ellos llamaban "el laberinto colombiano". Al menos estuvieron de acuerdo en que la ayuda estadounidense podía hacer evolucionar el conflicto a favor del gobierno.

Entre tanto, hay un nuevo gobierno. El panorama ha cambiado en forma considerable, y por el momento las negociaciones no están a la orden del día. Es dudoso que se retomen antes de que termine el mandato del actual presidente, quien por su parte parece resuelto a producir previamente unas relaciones de fuerza que no le dejen a la guerrilla otras opciones que negociar o desmovilizarse. Por su parte, las guerrillas están muy decididas a hacer fracasar la estrategia del gobierno, propinando golpes que prueben que su poder está intacto y que siembren inquietud en la opinión.

[17] Fecode agrupa un porcentaje elevado de los sindicalizados. En las más recientes elecciones internas de esta federación, 12 de los 15 miembros de su Comité Ejecutivo se declararon de orientación "socialdemócrata". Y fueron ellos quienes dominaron la dirección de la CUT y llevaron a la presidencia a Carlos Arturo Rodríguez. El periódico comunista *Voz* vio en todo ello el triunfo de la "corriente antidemocrática".

El resultado de la escalada en curso es incierto, y la actitud de Estados Unidos, susceptible de cambiar. Se pueden producir incidentes mayores que modifiquen súbitamente el panorama.

Intentaremos trazar al menos algunas de las posibles líneas de evolución.

La situación militar

Es cierto que las guerrillas pasan por una fase difícil. Las pérdidas sufridas son considerables y no pueden ser compensadas mediante el reclutamiento de jóvenes inexpertos y a menudo poco politizados. En cinco años su implantación territorial no ha dejado de reducirse y donde se mantiene se ha vuelto más frágil. Sólo algunas zonas se mantienen sumisas bajo su dominio, pero se trata de zonas periféricas. Esto evidentemente no impide a la guerrilla intervenir por doquier, pero de manera episódica. Por lo demás, no han logrado en verdad implantarse en las ciudades, pese a sus varios intentos. El hecho de que no hayan lanzado grandes operaciones desde hace casi un año y de que el número de ataques destructores contra pueblos haya disminuido induce a interrogarse acerca de su capacidad actual[18].

El auge de los paramilitares durante la administración de Pastrana ha desempeñado un papel esencial en esa pérdida territorial. La modernización de las Fuerzas Armadas se convierte de ahora en adelante en un obstáculo al lanzamiento de grandes acciones militares por parte de la guerrilla.

El gobierno está decidido a no disminuir el esfuerzo para proseguir dicha modernización. La nueva versión del programa de

[18] Alfredo Rangel, especialista en cuestiones militares, sustuvo que la relativa inactividad de las FARC desde agosto respondía al deseo de acumular fuerzas para retomar en un momento dado la ofensiva. Los meses que han pasado permiten interrogarse acerca de la validez de esa hipótesis.

Defensa y Seguridad Democrática, publicada a fines de junio de 2003, lo reafirma con claridad. Como nunca antes la prioridad es incrementar la presencia de la Fuerza Pública en todo el territorio, mejorar los medios de inteligencia asegurando una mejor coordinación de los diversos servicios y asociar a la población al esfuerzo de la defensa.[19] Al presentar el programa, la ministra de Defensa anunció que el gobierno se proponía mantener en los próximos años el gasto militar en un nivel equivalente al 5,5% del PIB y calculaba que el Ejército podía obtener éxitos contundentes en 18 meses, de tal modo que las guerrillas no tuvieran otra opción que negociar.

Aun así, el conflicto puede acentuarse más. Las guerrillas de ningún modo están dispuestas a negociar en una posición de debilidad. Oponen una fuerte resistencia en regiones como Arauca y los Montes de María, que el Ejército ha escogido para probar sus nuevas tácticas. Y aún están en condiciones de multiplicar los actos de sabotaje e igualmente pueden cometer actos terroristas de envergadura.

Es dudoso que la Fuerza Pública tenga éxito en el corto plazo para afirmar su control en todo el territorio. Sus recursos financie-

---

[19] Entre las innovaciones previstas figura la creación de 62 unidades móviles de carabineros, y en lo que concierne a la inteligencia, la creación de una instancia de coordinación de los diversos servicios especializados; por lo demás, la voluntad de asociar al conjunto de la nación al esfuerzo de la defensa se revela en la participación en el Consejo de Seguridad del Ministro de Hacienda y de Relaciones Exteriores, así como en la amplia definición que se da de la Defensa, no solamente en el combate contra los grupos ilegales, sino en la seguridad para la población. La eficacia de la Fuerza Pública no se medirá únicamente por la puesta fuera de combate de los subversivos, sino por la reducción en cada una de las regiones del secuestro, los actos de extorsión, el desplazamiento forzado, etc. El documento insiste, así mismo, en la diferencia entre las concepciones de la seguridad nacional que prevalecían en tiempos de la Guerra Fría y la idea de la "seguridad democrática".

ros no le permiten multiplicar las operaciones a gran escala[20]. Difícilmente podrán prescindir de la cooperación de los paramilitares, que aunque se desmovilizaran parcialmente, bien podrían asegurar unas tareas de vigilancia sobre la población.

De ahora en adelante el conflicto entra más bien en una fase de aceleración. De todas partes hay una carrera de velocidad. Las guerrillas tienen el interés de adelantarse al reforzamiento de las Fuerzas Armadas. Éstas, a su vez, están obligadas a mostrar resultados para mantener el apoyo de la opinión. Los paramilitares deben mimetizarse en el paisaje y moderar sus abusos si quieren convertirse en una fuerza política. Estados Unidos está preocupado por los efectos del conflicto en los países vecinos. Aun así es poco probable que en el plano propiamente militar se produzca un cambio rápido.

LA PENDIENTE HACIA LA GUERRA CIVIL

Hasta el presente, el término de *guerra civil* parecía inapropiado. La inmensa mayoría urbana de los colombianos consideraba el conflicto como algo lejano. La perspectiva de una negociación contribuía a atenuar su gravedad.

Pero algunos elementos del deslizamiento hacia ese tipo de guerra están ya presentes. La polarización está en curso desde hace unos tres años. La situación social es explosiva. Las guerrillas, como lo anotábamos, pretenden forzar a la sociedad civil a ponerse de su parte aprovechando las medidas impopulares del gobierno y su alineamiento con Estados Unidos. No contentas con expulsar a las instituciones de muchas poblaciones y zonas rurales, pretenden afectar también los grandes centros urbanos, mediante el terroris-

[20] La actual búsqueda de los tres estadounidenses secuestrados habría movilizado una gran parte de los helicópteros y consumido, así mismo, una parte importante de su presupuesto operacional.

mo, de ser necesario. Frente a ellas, una gran parte de la población, cada vez más exasperada por sus exacciones y escéptica respecto de una salida negociada, parece dispuesta a las salidas de fuerza. El gran riesgo es, entonces, el de una creciente *paramilitarización* de la sociedad. El fenómeno paramilitar va mucho más alla de los grupos organizados que se reclaman como tales. Las actuales conversaciones, cualquiera que sea su resultado, pueden desembocar en una mayor difusión del fenómeno. De todos modos, es probable que sectores importantes se deslicen por esa pendiente. Hay que recordar, en todo caso, que hay sectores interesados en la prolongación de la guerra. Una gran parte de los narcotraficantes encuentra en ella las condiciones necesarias para proseguir sus actividades y preservar las posiciones económicas y políticas que han adquirido.

Si puede decirse que la guerra civil ya existe en muchos departamentos, hay un margen de duda acerca de que se pueda generalizar.

Es verdad que una gran parte de las élites dirigentes, económicas y políticas apoya la política de firmeza del presidente. Pero a la vez es consciente de los costos de la guerra para la economía del país y comprende el freno que significa para el ingreso de las inversiones extranjeras, indispensables para la reorientación de la economía. En cuanto a los sectores populares y medios de la población, están más cansados aún con la prolongación del conflicto. Incluso en las regiones bajo la influencia de las guerrillas, con frecuencia testimonian mediante sus votos en las elecciones y también a través prácticas de resistencia civil su inconformidad con el dominio al que están sometidos.

La crisis de credibilidad política de las guerrillas constituye un freno importante a que la situación derive hacia una guerra civil. Semejante derivación supondría que los habitantes de ciertas zonas creen que los grupos revolucionarios están, al menos, en condiciones de protegerlos. Y cada vez menos es ése el caso, incluyendo las regiones de cultivo de coca o amapola. La rabia contra las medidas de fumigación puede en verdad contribuir a preservar aquí o allá una cierta adhesión hacia las guerrillas, pero la mayor parte de las regiones involucradas se ha convertido en teatro de guerra, donde los colonos se ven atrapados entre dos fuegos.

Por lo demás, las grandes pasiones que alimentan las guerras civiles no concurren aquí: los ingredientes étnicos, religiosos, regionales y aun los simplemente ideológicos no están presentes. Odio, deseo de venganzas y miseria son omnipresentes. Pero para que se generalice un clima de guerra civil sería menester que las guerrillas suscitaran la esperanza de que su éxito mejorará la suerte de al menos un sector de la población. Y eso no sucede. La crisis social produce desorganización y violencia en lo cotidiano, pero ante la ausencia de actores sociales fuertes no se traduce en un movimiento de radicalización.

Y en cuanto le concierne, el gobierno puede muy bien favorecer la polarización y estar tentado a extremar algunas disposiciones jurídicas, en particular mediante un estatuto antiterrorista que tiene como riesgo producir abusos. Sin embargo, no puede franquear ciertos límites: tiene que demostrar que no atenta demasiado contra las reglas del Estado de derecho, y la vigilancia internacional está ahí para recordarlo. Menos aún puede olvidar la tradición política de desconfianza hacia un excesiva concentración de poder y, sobre todo, hacia una tendencia autoritaria[21].

La actual polarización no puede borrar de un solo golpe la cultura política transaccional que ha presidido la estabilidad institucional, y se ha mantenido a pesar de numerosos episodios anteriores

[21] No por azar el mencionado documento sobre la seguridad democrática evoca a los Estados autoritarios latinoamericanos de los años setenta y ochenta para condenarlos, a la vez que se subraya la necesidad de respetar a la oposición legal.

de violencia. Un gobierno que no deje la puerta abierta a tales transacciones se estará arriesgando a ser desconocido.

DE LA DEGRADACIÓN DEL CONFLICTO A LA EVENTUAL CONFLUENCIA ENTRE SECTORES GUERRILLEROS Y SECTORES PARAMILITARES

El gobierno se precia de haber obtenido estimulantes resultados en algunos aspectos del orden público: el número de secuestros ha disminuido, el de asesinatos de sindicalistas y defensores de derechos humanos (por cierto muy considerable todavía[22]) también ha decrecido.

Pero el desplazamiento forzoso no disminuye, lo cual constituye el mejor indicador acerca de la extrema gravedad de la situación.

Como se ha visto, han sido numerosos los indicadores de la degradación del conflicto en los años recientes. Una degradación que podría acentuarse en función de factores como la polarización, la pérdida de credibilidad política de las guerrillas, la participación cada vez más notoria de actores ilegales en las diversas fases del narcotráfico. Esta degradación podría afectar a los países vecinos y dar lugar a fuertes dificultades políticas, no sólo a causa de las rutas de salida de la droga, sino a causa de la utilización de su territorio como zona de refugio.

Y no puede excluirse la eventualidad de otra forma de deterioro del conflicto que sobrevendría de un momento a otro. La ocasión puede ser una desmovilización de los grupos paramilitares, el debi-

---

[22] Un solo ejemplo: a comienzos de junio de 2003, Tisio Vélez, un conocido militante de derechos humanos, ex diputado y candidato al puesto de gobernador en Norte de Santander, fue asesinado en Cúcuta.Un hecho que ha reforzado las sospechas acerca de la infiltración de corrientes paramilitares en las instituciones departamentales.

litamiento de la cohesión de las guerrillas, la apertura de negociaciones. Frente a tal perspectiva, una parte de los actores ilegales puede buscar el medio de reconvertirse en fuerzas políticas. En cambio, otros sectores pueden estar tentados a preservar los intereses que se han ido creando mediante las actividades ilegales. Hasta el momento guerrillas y paramilitares se han definido por la contraposición entre ellos. No es descartable, sin embargo, que en un contexto nuevo se produzcan reconfiguraciones sorprendentes. Al fin y al cabo, algunos paramilitares y ciertos frentes guerrilleros tienen en común su inserción en el narcotráfico, así como su desconfianza hacia "el sistema" y hacia las élites tradicionales y Estados Unidos. Y son a menudo los azares del destino los que los han enmarcado en uno de los dos campos. Hasta ahora no han faltado guerrilleros que se unan a los paramilitares. Los intereses y los modos de sociabilidad común bien podrían propiciar acercamientos más amplios, de los que las redes de narcotraficantes vendrían a ser intermediarias[23]. En ese caso la guerra conocería un nuevo coletazo.

Los factores de incertidumbre

No volveremos sobre lo ya mencionado: el riesgo de la brutal desestabilización que resultaría si tuviera éxito un atentado al más alto nivel por parte de las FARC[24]. La gran concentración de las decisiones en manos del presidente contribuye a su popularidad. A la vez es fuente de vulnerabilidad. Es difícilmente previsible lo que acontecería si se dieran tales circunstancias.

---

[23] No hay que olvidar que en un comienzo un número importante de grandes narcotraficantes manifestaron su simpatía o incluso colaboraron, así fuera ocasionalmente, ya con las FARC, ya con el M-19. Ése fue el caso de Carlos Lehder y Pablo Escobar.

[24] Desde ese punto de vista, la carta dirigida a los generales por Marulanda a fines de marzo llama la atención: invita a los generales a discutir directamente con las FARC la solución de los problemas nacionales omitiendo cualquier referencia al presidente. De manera simbólica, hace como si el cargo estuviera vacante.

Independientemente de un acontecimiento de esa naturaleza, no es seguro que el gobierno pueda evitar un cierto desgaste. Su popularidad se debe más que todo a los actos injustificables de las FARC. Pero a la vez ha asumido numerosos riesgos: negociación con los paramilitares, proyecto de ley sobre libertad condicional, dilatación de las discusiones acerca de un acuerdo humanitario, referendo, etc. En caso de que no se produzcan resultados tangibles en el plano militar, el escepticismo puede retornar.

La incógnita más fuerte es la actitud de Estados Unidos. El éxito de la política de Uribe supone el mantenimiento de una completa sintonía con el país del Norte a nombre de la misma lucha contra el "terrorismo". Y habida cuenta de su actual compromiso en múltiples lugares del mundo, Colombia no es para ellos más que una prioridad de segundo rango. La destrucción de los cultivos de coca y amapola sigue siendo, desde luego, un objetivo central para ellos. Pero la pérdida de cuatro estadounidenses y el secuestro de tres más es algo como para disuadirlos de un compromiso directo. En el curso de los últimos meses, las vacilaciones del Congreso estadounidense respecto de la continuación de la ayuda militar al nivel que ha tenido se han hecho perceptibles, impulsadas por los demócratas. Ya en abril pusieron un signo de interrogación sobre los créditos previstos para el año 2004. Luego, los créditos que en principio se habían aprobado fueron postergados o bloqueados por diversas razones: problemas de derechos humanos, acusación contra los generales por colusión con los paramilitares o con narcotraficantes y la negativa de Colombia a firmar un acuerdo bilateral que Estados Unidos exige para sustraer sus representantes de la jurisdicción de la Corte Penal Internacional[25]. En total, una ayuda de 190 millones de dólares está en

---

[25] Por ese motivo se aplazó la llegada de 130 millones de dólares. Colombia firmó el tratado de constitución de la Corte Penal Internacional, haciendo la salvedad de un plazo de siete años para la cláusula sobre los crímenes de guerra.

duda. Tal conjunto de exigencias es muestra de la intransigencia del gobierno de Estados Unidos con la que busca obtener un alineamiento todavía más completo de Colombia respecto de sus posiciones, a la vez que ilustra sobre las dudas las dudas de sectores influyentes de la opinión estadounidense acerca de los resultados del Plan Colombia y la situación de los derechos del hombre.

Son, en todo caso, otros tantos signos que muestran que Colombia es objeto de una estrecha vigilancia, pero que sobre todo ponen de presente que es una apuesta peligrosa esperar demasiado de una política deliberada de solidaridad con Estados Unidos en momentos en que este país, a su turno, hace a un lado la cooperación internacional y opta por las acciones unilaterales.

Ya Tucídides había señalado, a propósito de los generales atenienses, que el fuerte está siempre tentado a imponer sus deseos al débil, a despecho de las bellas promesas de amistad.

Pastrana y Uribe se pusieron de acuerdo en relación con dicha cláusula, con el argumento de que es un recurso para facilitar la iniciación de negociaciones con los grupos fuera de la ley. Puede pensarse, así mismo, que ello busca asegurar la impunidad de aquellos militares que hayan cometido crímenes de guerra.

Conclusión

Desde hace 20 años Colombia se ha acostumbrado a vivir en una situación intermedia entre la guerra y la paz. Los enfrentamientos no han dejado de agravarse, pero los sucesivos procesos de paz habían creado la ilusión de que en cualquier momento una transacción era posible. En cierto sentido la elección de Uribe significó una ruptura: de allí en adelante los colombianos han sido inducidos a admitir que su país está en una situación de guerra. El gobierno ha hecho todo lo posible por crear una relación de fuerza que obligue a la guerrilla a renunciar a su lucha.

Sin embargo, como en muchos de los conflictos, la relación de fuerza militar no es el único elemento que cuenta, la de fuerza política es igualmente importante. No es un azar que asistamos a esfuerzos de ambas partes para descalificar al adversario. Al considerar a los guerrilleros como simples bandidos, Uribe intenta privarlos de la identidad política que ellos reivindican. Al tratar al gobierno de "fascista", las guerrillas pretenden negar su legitimidad. El descrédito de la guerrilla, que fue incapaz de aprovechar la apertura del gobierno anterior, la coloca en cuanto a ese plano en una posición difícil.

La mayoría de la opinión está cansada de la violencia, sobre todo de las exacciones de las guerrillas, a tal punto que se solidariza por el momento con la estrategia de firmeza del gobierno, y no parece inquietarse con los riesgos de una subrepticia paramilitarización de la sociedad. Al colocar su acción bajo el signo de la "guerra contra el terrorismo", el gobierno aprovecha la coyuntura internacional para hacer admitir una visión de la política en términos de "amigo-enemigo". De esa manera puede imponer medidas económicas antipopulares sin provocar mayores resistencias, a pesar del constante deterioro de las condiciones de vida desde 1995.

Falta saber si es posible, sobre esa única base, hacerle frente a lo fortuito que en cualquier momento pueda surgir. El gobierno le ha apostado mucho a la descomposición de las guerrillas, a la desmovilización de los paramilitares y a la erradicación de los cultivos ilícitos, pero si esto no se consigue, el resultado puede ser una mayor degradación del conflicto. Sin duda, la pacificación implica también un proyecto político a largo plazo que proponga reformas de tal naturaleza que vuelvan a dar o, mejor aún, que den a los colombianos el sentido de pertenencia común.

Muchas experiencias anteriores lo prueban: los colombianos son muy dados a reclamar la autoridad, pero también a rechazarla. Utilicé antes el término "transacción", ésta puede ser tal que alimente la proliferación de normas informales, muchas veces ilegales y el propio recurso a la fuerza. Sin embargo, en Colombia la transacción también es lo que subyace a una cierta relación con la democracia, o lo que se concibe como tal, al modo liberal, como diversidad de centros de poder en equilibrio inestable. El verdadero reto del gobierno es, pues, mostrar que la autoridad se aviene bien con las reglas del derecho y con la transacción.